超効率的に
結果を出す

テレアポ&リモート営業の基本

伊庭正康
Masayasu Iba

日本実業出版社

はじめに

――テレアポとリモート営業はこの一冊でいい。その思いで書きました。

営業の手法は、歴史的な転換期を迎えています。

コロナ禍が拡大した2020年3月以降、「会うこと」を前提とした営業だけでは、成果を上げることが難しくなりました。

今やリモート営業を導入する企業は、飛躍的に増えています。でも、導入したものの、課題を感じている人も少なくないのが現状です。

確かに、移動コストの削減ができたり、営業の対象を全国に広げられるといったメリットがある一方で、商談相手の〝温度感〟をつかみにくい、雑談がしにくいので〝関係性づくり〟が難しい、などと感じている人もいます。訪問型営業のようにはいかない点もあるでしょう。

でも、それは、リモート営業に原因があるわけではありません。

正しい方法を知らないから、そうなっているだけです。

実際、正しい方法を知ると、お客様の温度感もわかりますし、関係性をつくることもできます。だから、この本を書きました。

少しだけ、最近のリモート営業の潮流について触れておきましょう。

もともとは、2015年にベルフェイス（bell Face）という営業に特化したオンラインセールスのツールが誕生したことから注目はされていました。ただその一方で、やっぱり営業はフェイス・トゥ・フェイス（face to face）で、足で稼がないといけないという文化が根強く残っていたので、補足にしか使われていないケースがほとんどでした。

それが変わったのが、2020年です。新型コロナウイルス感染症対策として緊急事態宣言が発令され、休業要請やテレワークが推奨されました。

お客様と直接会って話すことが難しくなったため、ベルフェイスだけでなく、ズーム（Zoom）、グーグル・ミート（Google Meet）、マイクロソフト・チームズ（Microsoft Teams）などのWeb会議ツールを活用するリモート営業が急増したのです。

あなたの会社でも、非対面型の営業が増えたのではないでしょうか？

企業研修講師をしている私も、２０２０年4月以降は、9割の研修をオンラインに切り替えました。世の中ではコロナで研修が減っていると言われていましたが、私はむしろ研修のご依頼が増えました。

なぜかというと、多くの企業が一斉にリモート営業の研修をしていたからです。オンラインを使った営業のノウハウが、めちゃくちゃ必要とされていたのです。


いざリモート営業の研修を始めてみると、研修を受けた営業の方が、その効果を体感される場面がいくつもありました。

それは「営業の革命」といってもいいほど、画期的な変化でした。

「いやぁ、うちの会社はリモート営業は向かないんですよ。お客様がリモートに慣れていないんです」という方も当然いらっしゃいました。

しかし、それは営業の方がリモート営業のやり方を知らなかっただけで、実際にやってみると商談が2倍以上になるなど、結果となって表れました。

また、「こんなにラクしていいのか、いやー、ありがたい！」などという感想を、営業経験が豊富な方ほど持たれていました。

うちの会社はそうなっていない……、と感じられたかもしれません。ご安心ください。正しいノウハウを知ってリモート営業をすれば「ああ、これはいいな！　やってくれて、ありがとう」とお客様からも思われます。まだやったことがない方こそ、リモート営業のストレスのなさ、営業効率の良さに驚かれます。

●リモート営業の時代だからこそ知っておきたいテレアポの基本

ただし、その前に押さえておきたいことがあります。リモート営業も一本の電話から始まるケースが少なくないということです。

最近は、電話が苦手な方って多いですよね。でもだからこそ、テレアポの段階で断られないために、電話のかけ方・話し方の大事なポイントを押さえておく必要があるのです。

また、リモート営業もテレアポも、非対面での接触という面では同じです。テレアポで必要とされるテクニックは、そのままリモート営業にも使えます。

本書は、1つの例としてテレアポからリモート営業にもっていくという流れで話を進めますが、もちろん、アプローチはテレアポではなくメール、リモート営業オンリーではなく対面営業も交えてなど、さまざまなやり方があります。

今の時代、どのような営業をすればいいのか、この一冊ですべてを学べる、その思いでこの本を書きました。

ゆえに、さまざまなセオリー、テクニックを解説していますので、自分の営業スタイルと合わせて、使えそうなところだけ読んでいただく形で構いません。

それでは早速、あなた自身もワクワクし、すぐに使いたくなるテレアポ&リモート営業の手法を紹介していきましょう。

株式会社らしさラボ代表取締役　研修トレーナー
伊庭正康

超効率的に結果を出す
テレアポ&リモート営業の基本 ●もくじ●

CONTENTS

第3章

テレアポの手順の基本を覚えよう

第4章 テレアポからリモート営業にもっていく方法

第5章

リモート環境でも使える営業テクニック

第6章 ワンランク上の「できるリモート営業」になるポイント

第7章

テレアポ&リモート営業を楽しく行うコツ

編集協力●谷田俊太郎
カバーデザイン●山之口正和+沢田幸平(OKIKATA)
DTP●有限会社 一企画

第1章

リモートだからこそ効率的な営業ができる

1 リモート営業は「営業の革命」である

●革命1「地域の壁をなくす」（リストのセグメントが変わる）

まず、リモート営業は何がそんなにすごいのか。3つの「革命」を紹介します。

多くの場合、営業には担当地域があります。私が求人広告の営業職として10年間、管理職として11年間勤めていたリクルートグループでも、営業は基本的にテリトリー制でした。私も、京都のある地域だけを担当するということを繰り返していました。

ところが、リモート営業では、地域の壁がなくなります。

いい会社が新潟にあると思えば、また、見込みとなるお客様がいらっしゃれば、訪問せずとも営業をかけられます。北海道でも、九州でも沖縄でも営業できます。しかも、交通費0円です。

リモート営業は、お客様に電話をかけた瞬間から商談ができます。**日本中の優良会社に、ノーコストでアプローチができる**のです。

ある生命保険会社の営業の方は、今まで電車やタクシーに乗って行っていたのがリモートでできてしまうので気軽にアプローチができ、紹介がもらいやすくなったと言っていました。

地域の壁がなくなり、「地域基準」だけでなく「おいしい見込み客基準」でのリストを用意できる時代になったのです。これが1つ目の革命です。

●革命2「移動の時間がなくなり、商談数が5倍程度になる」

1つ質問をさせてください。

あなたは、1日に何件くらい、お客様のところに行かれますか?

午前中は1件くらいしかアポイントが取れないのが現実ではないでしょうか? 1日3件回ればフラフラになったりしますよね。

リモート営業は、その場で商談になります。移動がありませんから、うまくいけば、1日10件くらい商談ができます。

つまり、**対面営業の3倍から5倍くらいの商談が可能になる**のです。

商談件数が増えれば、当然売上も増えます。実際、ある企業のトップセールスは、リモート営業によって、売上が簡単に2倍になったと言っていました。

「売上倍増は言い過ぎじゃないの？」と思われるかもしれませんが、とんでもございません。なぜなら、2つの効果をあっという間に得ることができるからです。

1つは、**時間効率が圧倒的に良くなる**から。

もう1つは、**話を断然聞いてもらいやすくなる**からです。

コロナ禍以前の社会では「わざわざ来てくれる」が営業の価値になっていました。でも今は営業の人が来たら、ワクチンを接種したからといっても、コロナに感染するかもしれません。

今の世の中では「わざわざ来てくれる」よりも、リモート営業のほうがむしろ親切なのです。実際、訪問よりリモート営業のほうが好ましいと考える顧客が多いというデータもあります（HubSpot Japan株式会社「日本の営業に関する意識・実態調査2021」）。

オンラインを使えば、お客様は何の不安もなく、営業担当者の話を聞くことができます。新規開拓だけでなく、顧客フォローもしやすいので、お客様との関係性を育てるうえでも有利というわけです。

●革命3「売り込む営業」から「話し合う営業」へ

３つ目の革命は、「売り込む営業」から「話し合う営業」に、お客様との関係をレベルアップできることです。

対面型の営業では「売り込む営業」になりやすい傾向がありました。営業が一方的に話し、お客様は聞き役に徹する。売り手と買い手が鮮明に分かれ、お客様は「聞いてあげる」というスタンス。

これが営業とお客様とのよくある関係でしたが、**オンラインを使うことによって、お客様との双方向のコミュニケーションが成立しやすくなりました。**ビデオ通話でも、お客様の温度感は十分につかめます。

リモート営業は、電話やメールでアプローチして、会話の中で「オンラインで情報共有」を行う、というのが基本的なスタイルになります。

例えば、求人営業だったら、こんな流れになります。

営業「面接の離脱率は気になったりされていませんでしょうか？」

先方「まあ、気にならないこともないけどね」

営業「そこを防ぐ資料がありますので、よろしければご覧になりませんか？」

そんなトークから情報画面を共有します。チェック項目に「ＹＥＳ・ＮＯ」を入れてもらったり、アンケートに答えてもらったりすることもできます。

すると、初対面であっても双方向の会話が生まれ、お客様も「聞く」だけではなくなり、自然と質問をするようになります。つまり**営業が一方的にセールストークをしている感じがなくなり、お客様の課題を見つけやすくなる**のです。

営業が一方的に話すのではなく、お客様と一緒に話し合うことができる。対話方式で商談ができる。これは営業にとって画期的な変化ではないでしょうか？

営業とは「商品を売る」のではなく「お客様の課題を解決する」仕事です。リモート営業によって、課題解決型の営業がよりしやすくなりました。

●補足：営業の「キツさ」からの解放

これらに加えて、私がリモート営業をオススメしたい別の理由があります。それは営業の「キツさ」から解放されることです。

営業には、3つの「キツさ」があります。

1つ目は「肉体的なキツさ」。私も求人営業をしていた頃、本当にキツかったです。雨の日はズブ濡れになりながら、20件30件と訪問し、それでも追い返される。暑い日もキツいです。京都で営業をしていて、四条大橋の上で修行されているお坊さんを見て「僕のほうがしんどい……」と嘆いたこともありました。

リモート営業では、それがなくなるのです。雨に濡れることもなく、どんなに暑い日でも寒い日でも、エアコンの効いた室内で営業ができます。

2つ目は「アポのキッさ」。アポで断られ続けるのは、本当にキツいですよね。オンラインツールを使えば、情報を提供しながら会話ができるので、容易に話を聞いていただきやすくなります。それだけでもテレアポが楽しくなりますし、商談ができる機会も圧倒的に増えます。

3つ目は「時間管理のキッさ」。営業は基本的に残業になりがちです。移動時間が異常に長いため、1日の半分以上が移動時間だったりします。

リモート営業では、その移動時間がなくなります。時間管理がしやすくなり、効率良く、より多くの商談ができるようになります。

いかがでしょう。リモート営業の普及によって、本当に画期的なことが起こっているのです。

Point

リモート営業は従来営業の仕方を根本的に変えた

2 コロナ禍以降は営業のプロセスが大きく変わった

●大手も中小も「リモート商談」が必須になっている

リモート営業はこれまで、ITリテラシーが低い企業には向いていないと言われていました。

しかし、2020年を境に大きく変化しました。

どの程度の規模や頻度でテレワークを導入しているかは企業によって異なりますが、一部の業界を除いては、今やスタンダードな働き方になっています。

オンラインの活用は、営業にとって今や必須です。

●新規開拓は「メール・電話」から「接点を持ち、情報提供」へ

リモート営業の流れは、新規でも既存のお客様に対しても、基本的には一緒です。

電話かメールで連絡をとって「ほんの少しお時間よろしいでしょうか?」とお伝えし

ます。ここまでは従来の営業と一緒です。

リモート営業の場合は、ここからＰＣで画面を共有します。

例えば、営業に特化したオンラインツール「ベルフェイス」は、ＵＲＬを送らなくても、お客様にパスワードを入力していただくだけで共有できます。ただ、導入コストがかかりますので、手軽に始めたい方には、別の方法もあります。

Ｚｏｏｍ、Google Meet、Microsoft TeamsなどのＷｅｂ会議ツールは、事前にＵＲＬを用意して「差し支えなければ、アドレスを伺ってよろしいですか？」と聞いてメールを送るだけなので、すぐにオンラインで話せます。これらのサービスは無償版も使えますので、コストもかかりません。

接点さえつくれば、すぐに画面共有して情報提供を行えます。移動がなくなったので訪問件数が効率化するだけでなく、商談数もアップします。

オンラインでそのまま商談になる場合もあれば、その後、訪問して商談をする場合もあり、私の実感値としては、商談数は従来の２倍に増えています。

商談数を増やすカギは「**ＢＡＮＴ情報**」を入手することです。ＢＡＮＴとは、Budget（予算）、Authority（決裁権）、Needs（必要性）、Timeframe（導入時期）の頭文字をとった略語です。

接点を持ったときに、この4つの情報さえ聞いておけば、お客様に優先順位をつけて継続的にアプローチしやすくなります。

今まではテレアポで断られたら、お客様との関係はそこで終了でした。

リモート営業では情報提供をすることによって「導入時期のタイミングにまた情報を送ります」といった会話ができるので、時期を改めてメールや電話で連絡をするなど、継続的なアプローチがしやすくなったのです。

●提案活動も「商談」→「ミーティング方式」に変わってきている

継続的なアプローチがしやすい理由は、もう1つあります。**お客様にとって、オンラインは抵抗感が低い**からです。

お客様にしてみれば、わざわざ営業に来てもらうことには、抵抗感があるものです。時間もとられますし、プレッシャーも感じます。

ただ、営業されるのは嫌だけど、役に立つ情報は欲しい。その点、オンラインは営業と直接会うことなく、欲しい情報だけを入手できます。必要なければ、すぐに断ればいいのですから、気楽にアプローチを受け入れることができます。

営業側にしてみれば、情報提供をしながら自然とBANT情報を入手できるので、継続的なアプローチがしやすくなります。もっとも、アプローチとはいっても実質的に商談であることには変わりません。

ただし、いかにも商談という形ではなく、お客様の課題について話し合うミーティング形式で提案活動ができるので、商談を倍に増やせます。

予算・決裁権・必要性・導入時期を確認し、タイミング良く情報提供を行って、お客様の困りごとを解決する提案をしていく。

お客様とのやりとりは、毎回ビデオ通話にする必要はありません。定期的にメールを送ったり、チャットツールでコミュニケーションすればいいのです。**お客様と「身内」のような関係になれることを目指します**。

お客様と一度も直接会わず、しっかりとした関係が築けるようになったのは、画期的な変化ではないでしょうか？

営業のプロセスが変わったことで、たくさんのメリットが生まれているのです。

Point

1回の接点で「対話を通じて、お客様の課題を解決する」

3 即決にこだわる時代の終焉

●「即決信仰」から「リードを育てる時代」に

営業には「即決信仰」というものがありました。即決とは、商談で「検討」がなく、その場でクロージングして契約をしてもらうことをいいます。即決できる人ほど偉いと思われていました。

私も営業デビューした頃、上司によく「商談したら即決や」と言われて、ひたすらクロージングの練習をさせられていました。

でも実際には、そんなに簡単ではありませんよね。

テレアポを100件しても成約に至るのは、どんなに頑張っても1件ぐらい。あとの99件は、そのまま捨てていました。

リモート営業では、このロスした99件を生かせるのです。すぐに成約に至らなくても、その99件をデータベース化しておけば、オンラインで継続してアプローチし、ミーティングを続けることによって、お客様との関係性を大きく育てていけます。

営業用語に「**リード**」という言葉があります。

リードとは「顧客接点」という意味です。即決にこだわる時代は終わり、今はリードを育てる時代になりました。

テレアポで断られても、オンラインで情報提供を続け、その後もリードを育てていく。つまり、お客様に情報を提供して、接点をつくり、その接点を育てていく。

リモート営業は、この方法に非常にマッチしているのです。

●ロスをチャンスに変える

接点をつくる↓メアドを聞く↓情報提供をする↓対話をする。その後も情報提供をしたいと伝え、タイミングよくヒアリングする。

これがオンライン時代の新しい営業プロセスです。接点ができたら電話やメールで情報提供を続け、お客様の課題を解決する方法を一緒に考える。課題解決に自社の商品やサービスが合致するタイミングを見極めて商談をする。

訪問しながらリードを育てるのは、時間も労力もかかります。非常に効率が悪いです。電話やメール、オンラインなら、ラクにリードを育てていけます。

これまで無駄にしていた「99%のロス」を「チャンス」に変えることができる。これはリモート営業ならではの魅力です。

●絶好のタイミングで「一緒に考える提案」に変化

提案活動も、従来の方法とは変わってきました。即決を優先しようとすると、商品やサービスを一方的に紹介する、案内するだけの営業になりがちです。

リモート営業では、ヒアリングで確認したBANT情報をベースに、お客様の課題を解決するように一緒に考え、解決策を提案するスタイルになります。例えば……

- 商品やサービスの購入に際して、どの程度の「予算」を確保しているのか？
- 「決裁権」を持っているのは誰で、その判断基準は？
- そもそもその商品やサービスを誰が、「必要」としているのか？
- 商品やサービスの「導入時期」はいつなのか、その背景は？

お客様との初回の接点を持ったときに、この4つのBANT情報について、わかる範囲で情報さえ入手しておけば、お客様に優先順位をつけて継続的にアプローチしやすくなります。

「決裁権」を持っている人の判断基準がわかれば、相手視点でアプローチができます。「導入時期」とその背景を聞いておけば、そのタイミングに合わせて、お客様にとって有益な情報を送ることで興味を持ってもらえます。

ある意味、**対等な立場で、身内のような感覚で話し合いができる**のです。

電話とオンラインで接点を持った後は、メール、できればチャットでやりとりができれば、より「身内感覚」を熟成していくことができます。

人材業界のある営業の方は、毎月、お客様の課題にフィットしたオンライン勉強会を主催しています。その勉強会には、毎月80～100名もの方が参加しているそうです。

こうした方法なら、一度にたくさんのお客様との接点を持ち、囲い込みもでき、個別にアプローチしなくても身内感覚を育てていくことができます。

いかにリードを育てるか。それがこれからの営業のテーマです。

Point

「即決にこだわる営業」から「リードを育てる営業」に変わった

4 「リモート営業強者」と「リモート営業弱者」を比較してみる

●最初の3秒で「強者」と「弱者」がわかる

リモート営業でも、ファーストコンタクトが肝心です。勝負は「顔」と「声」だけ。しかもどアップでイヤホン越し。訪問営業よりシビアです。うまくいかない方は、スタート地点でマイナスの印象を与えてしまっているのかもしれません。

オンラインでは、対面型の営業とは異なる注意点があります。**リモート営業の強者・弱者の違いは、画面を共有した最初の3秒でわかってしまうのです。**

リモート営業で重要になる「5つのポイント」をチェックしてみましょう。

①明るさ

画面に映った瞬間、営業担当者の表情が暗かったら……。

気持ちが萎えますよね。そういう営業から商品を買いたいと思う人はいないでしょう。でも意外と暗い表情の営業の方が少なくありません。

明るい笑顔は、最強の営業ツールです。それはオンラインでも変わりません。ただしオンラインの場合、それだけでは不十分なんです。

表情だけでなく「物理的な明るさ」も重要になります。画面が暗いと、明るい笑顔を浮かべていても相手に暗い印象を与えてしまいます。

自然光や部屋の照明だけでは、明るく映りません。スタンドライトや自撮り用のリングライトなどを直接顔に当てて、明るく映る工夫が必要となります。

②話し方

営業担当者が何を言っているのかわからない、ちゃんと話が聞き取れない……。これは営業にとって致命的です。商談以前の話になってしまいます。

実はオンラインでは、そういうことが起こりがちです。画面越し、スクリーン越しの対話では、相手の話が聞き取りにくくなるのです。

リモート営業では、通常の営業とは少し違う話し方を意識する必要があります。普段よりゆっくり喋る、はっきり話す。強調したい部分は、より丁寧に話す。身振り手振りも交えて、わかりやすく伝える。こうした工夫が必要です。

また、マイクの性能にも注意してください。パソコンの内蔵マイクは、周囲の雑音などが入りやすく、音声が聞き取りにくくなります。

リモート営業では、マイク付きのヘッドセットがオススメです。話し方やマイクにも気を使って、聞きとりやすい話し方を徹底しましょう。

③ 背景

営業担当者の背景に、ハンガーにぶらさがった洗濯物が映っていたら……。完全にアウトです。洗濯物、ベッド、台所、本棚、衣装ケースなど、**生活感のある私物は、営業の背景としてふさわしくありません**。

無地の背景は無難ですが、プラスアルファの要素がありません。リモート営業をする際は、バーチャル背景を活用して自分や会社をアピールすべきです。

④ 情報

せっかくオンラインを共有できても、お客様に提供する情報がなかったら……。

ビデオ通話をする意味がありません。そもそも「お得な情報」がなければ、お客様にメールアドレスも教えてもらえません。

リモート営業では、お客様の役に立つ「情報提供」が大前提となります。それがあるからこそ、画面共有をして、話を聞いてもらえるのです。

情報提供の資料をつくっても、文字が小さすぎたり、読みにくかったら、相手に興味を持ってもらえません。読みやすさ・わかりやすさも重要です。

⑤ 通信

営業担当者の映像がフリーズしたり、音声が聞こえなくなったら……。

そもそも会話になりません。**リモート営業では、通信環境の安定性が極めて重要です。**映像が止まったり、音声が悪いと、お客様にストレスを与え、あなたの印象も悪くなってしまいます。ネット環境は、必ず確認しておきましょう。

①から⑤の詳しいテクニックは、第２章以降で改めてお伝えします。

Point

5つのポイントに注意して、リモート営業強者を目指すべし

5 出遅れるな！ ここまで来ているリモート営業

●ゴールはアポイントではない

リモート営業について、ここまで私は次のようなことを説明してきました。

- 「売り込む営業」から「話し合う営業」へ
- 「接点」をつくって「リード」を育てる
- 提案活動は「商談」から「ミーティング方式」に

では、その先に何があるのでしょうか？

実はリモート営業のゴールは、アポイントを取ることではありません。開拓営業をして、注文をいただくだけでもありません。

リピートをしてもらって10年、20年、いえ、もっと先までの利益を最大化することなのです。

●目指すは「顧客生涯価値」の最大化

「**ＬＴＶ**」という言葉をご存知でしょうか？　リモート営業を推進するなら、ぜひ覚えておきましょう。

企業活動において重要指標の1つとして注目されている「**Life Time Value（ライフ・タイム・バリュー）**」の略語で、日本語で表すと「**顧客生涯価値**」です。

ある顧客が一生のうちに、自社製品やサービスをどれだけ購入し利用してくれるのか、合計でどのくらいの利益をもたらしてくれるのかを示す値です。

つまり、たった一度の受注だけでなく、そのお客様がそれからずっと生涯にわたって、もたらしてくれる利益に注目した考え方です。

ＬＴＶの算出方法はさまざまですが、「**購入価格**」×「**購買頻度**」×「**契約継続期間**」といった方法で試算するケースが一般的です。

現在は市場が成熟し、新規開発にコストがかけられなくなってきました。新規顧客獲得にかかるコストは、既存顧客を維持するコストの数倍かかります。

そのため、**新規顧客を獲得して市場のシェアを拡大させるという考え方から、既存顧客のロイヤリティを高め、離反を防止する流れに変わってきた**のです。

●セグメントし、リストをつくり、そこに合わせたアプローチをする

ＬＴＶを最大化させるためには、売上額やシェアで顧客をセグメントし、きちんとしたリストをつくり、最適なアプローチをしていくことが重要です。

そのため、自社はもちろんのこと、競合の実績もある程度把握しておかないと、ＬＴＶの算出が不十分になることがあります。

そのうえで、例えば自社シェアが一定の割合より高いお客様に対しては、リモート営業だけに絞る。メールによる情報提供、オンラインでのミーティングや勉強会を定期的に開催するなど、守ることに徹していく。

一方、自社シェアが低いお客様は、競合が多いわけですから攻めなくてはいけません。そういうお客様に対しては、リモートだけでなく、訪問営業も行い、トップにアプローチしていく。

要は、**お客様のタイプによって、電話やメール、オンラインを活用した営業と訪問営業を使い分けていく**のです。すべてのお客様に対して、同じアプローチをしても効果的ではありません。営業で大切なのは「正しいやり方」です。

私はリクルートグループの営業時代に、この選択と集中をＬＴＶ基準で行う考え方

を上司から教えてもらい、驚くほど売上が上がりました。

本来、既存顧客への提案活動と新規開拓のバランスは難しいものなのですが、既存のお客様への提案を密にすることで、事業部で最大の売上をつくりつつ、同時に新規開拓も事業部トップクラスになれたのは、まさに選択と集中によるものでした。

今はオンラインという新しい選択肢も増えました。**リモートと訪問を使い分ける「ハイブリッド型」の営業によって売上倍増も可能です。**

「30件、50件と回れば、おそらく目標達成する。だからとにかく種をまけ」

昔はこうした考え方が一般的でしたが、場当たり的に種をまいても花は咲きません。営業にも科学が必要です。1社1社に情報を提供しながら、お客様の課題を解決するために話し合っていくには、リモートが最適です。

LTVを最大化するためには、こうした話し合いを定例ミーティング化し、お客様と特別な関係を築いていくことが重要になります。

Point
リモート営業のゴールは「顧客生涯価値」の最大化

6 それでも「リモート営業はちょっと……」というあなたへ

●20年間で100万人の営業担当者が減っている

ここまでリモート営業のメリットと時代の流れについて解説してきましたが、実際に営業の方々に話を伺うと、今はまだ意見が二分しています。

好奇心のある方は面白がって、めちゃめちゃポジティブに捉えています。オンライン勉強会などを始めて、売上を倍増させている人もいます。

一方、新しいことに飛びつきにくい方は、前のほうがやりやすいので「同じでいい」とおっしゃっています。これは現場の人だけでなく、管理職も一緒です。

お客様の意識も、都心と地方では差があり、地方ではまだ「とりあえず来て」という方が多くいらっしゃいます。実際、私がやっている研修でも、都心部の方は「オンラインでやってほしい」という会社が多いのですが、地方では「熱量が欲しいです」と言ってリアルの研修を希望される会社のほうが多いです。

それでも私は、営業の方々には武器を1つでも増やしてほしいと考えています。それは「営業という職業」そのものに危機感があるからです。

営業部門では今、リストラが加速しています。

例えば、製薬業界ではMR（医療に関わる営業職）がピーク時から1万人が削減されたといいます。また業界を問わず、商品案内型の営業と定期訪問型の営業は、どんどん減ってきています。

株式会社日本創生投資の社長である三戸政和氏の著書『営業はいらない』（SB新書）によると、日本の営業担当者の数は2001年の968万人から2018年には864万人まで減少。約20年間で100万人も減っているのです。

●営業はいらない

三戸氏の『営業はいらない』では、「あと10年で営業という概念はなくなる」と衝撃的な予測がされていました。

さまざまなセールステックの開発によって、今後10年で営業担当者は不要になってしまうというのです。セールステックとは、ITを活用して営業活動の生産性を高め、効率化を図るツールのことです。

例えば、アマゾンで商品を購入すると、購入履歴を分析して巧妙に商品を勧めてきますよね。私も「こんなのあったんだ」「これもいいな」と興味を持って、ついポチッと購入してしまいます。

このプロセスには、営業が介在していません。テクノロジーの進歩によって、こうした販売方法は今後ますます増えていくでしょう。

「営業はいらない」は現実になっているのです。

実際、ネット証券やネット型生命保険の会社に営業はいません。家や車でさえネットで販売され、それを購入する時代になってきました。

「10年で営業という概念がなくなる」とまでは私は断言できませんが、10年後を見据えたシフトチェンジは必要だと考えています。

●「インサイドセールス」と「ソリューション型」は伸びている

営業部門は全体的に縮小傾向にありますが、**「インサイドセールス」と「ソリューション型」の営業は逆に伸びています**。

インサイドセールスとは、訪問せず、電話やメール等を使った非対面型の営業のことです。この5年で5万人くらい営業担当者が増えています。

ソリューション型とは、提案型の営業のことです。お客様の課題を引き出して、解決策を提案する、人が介在しないとできない営業です。

私はこの2つの営業は、今後も生き残っていくと思います。そして、リモート営業は、このどちらの営業手法にも適しています。

新しいことに飛びつきにくい方にとって、オンラインを使った営業はハードルが高く感じるかもしれません。でも、全然そんなことはないのです。

やり方さえ覚えてしまえば、「こんなにラクなんだ！」と、びっくりされると思います。

商品案内だけをする営業や御用聞き、ルートセールスなどは今後、インターネット販売やセールステックに取って代わられてしまうかもしれません。

けれども、お客様から「お困りごと」を伺って、一緒に話し合い、問題を解決していく営業には、まだまだ可能性があります。

HubSpot Japan株式会社による「日本の営業に関する意識・実態調査2021」によると、法人営業組織におけるテレワークの導入率は54・4％と半数以上です。

一方で「電話・Eメール・DM・ビデオ会議」などを用いたリモート営業について

は、導入率は36・4％。テレワーク導入率より低い結果となっていて、「出社日にまとめて商談を行う」ことで対応している会社が多いようです。

リモート営業を本格的に導入している会社はまだ全体の3割程度ですが、対面に軸足を置いてきた生命保険会社でも、２０２１年度からオンライン併用のシステムを正式に採用するなど、営業職の環境は確実に変化しています。

今まで培ってきた営業テクニックを、今後はオンラインでも生かしてみませんか？

Point

営業部門は減少傾向にあるが、非対面型と提案型は伸びている

第2章

断られない
電話のかけ方を知ろう

1 顔が見えないことが武器になる

●リモート営業も電話から始まる

電話が苦手な方って多いですよね。あなたはどうですか、電話は苦手ですか？

苦手でもいいと思います。今は固定電話に出ることもあまりありませんから。でもだからこそ、電話のかけ方の大事なポイントを押さえておきましょう。

テレアポはもちろん、リモート営業も電話から始まることが少なくないのが現状です。ここで断られてしまったら、オンラインまで進めません。電話をかける際には、対面とは異なる、電話ならではの印象づくり、傾聴、話し方があります。

第2章では、「断られない電話」のテクニックをお伝えします。


まず大事なのは、**相手の「警戒感」を解く**ことです。

お客様と対面するリアルな営業では、スーツやメガネ、身振り手振りなどによって安心感を与えて、相手の警戒心を解くことができます。

電話営業では、こうした武器が一切使えません。

「この人には警戒心を解いても大丈夫」「この人と話してみたい」、そう思ってもらうためには、次の3つのポイントが大事になってきます。

①ロジカルな話し方（結論、根拠、補足）

②言葉のチョイス（礼儀、共感）

③パラランゲージ（声の強弱や高低、抑揚、間）

対面であれば、ロジカルでなくても、ニュアンスで伝わります。身振り手振りで伝えることもできます。電話では、それらが一切できません。

最初に結論、その後に根拠や補足を伝えるロジカルな話し方をしないと、相手をイライラさせてしまいます。言葉のチョイスも大事です。礼儀正しさ、共感をしっかり示す。これらは言葉でしか伝わりません。

また、パラランゲージというものもあります。これは言語以外の情報のことで、声の強弱や高低、抑揚、間をつくる。このあたりをどれだけ意識できるかです。

でも逆にいうと、これらを意識して話すことさえできれば、**顔が見えないことが、むしろ武器になります**。お客様に取り次いでもらえる確率が変わりますし、オンラインの対話にもスムーズに移行できます。

対面型の営業は、見た目によってお客様に会ってもらえないことがあります。若さによって、なめられてしまうこともあります。

電話なら、そんな心配はいりません。**実は対面型の営業より電話で正しく話したほうが、お客様との関係性が築きやすいケースが多い**のです。

●声で印象の4割は決まる

心理学には「印象の4割は声によるもの」という説があります。米国の心理学者アルバート・メラビアンは、特定の条件下での実験結果から、人が受ける印象は視覚が55％、聴覚が38％、言語が7％としています。

視覚に頼らずとも、声や話し方、言葉のチョイスによって「この人は警戒感を解いて大丈夫だ」「話してみたい」と思ってもらうことは十分可能なのです。

ゆっくりと心地良い声で話すことができれば、むしろ会うよりも好感を持ってもらえて、会話に至りやすかったりします。

新人や年配の方が営業する場合は、特にそういう傾向が強いです。

●電話は年齢の壁を乗り越えやすい

営業において、新人に見られることは不利です。「新人を武器にする」とよく言われますが、実は新人であることは武器にはなりません。

新人だからミスをしても許されることはありますが、お客様の立場で考えたらどうでしょう？　同じお金を払うんだったら、新人に担当してもらうより、ものをよく知っている人に担当してもらったほうが安心ですよね。

私は営業職のリーダーをしていた頃、「営業においては新人であることをウリにしないほうがいいよ」と、よく話していました。

電話なら、新人であっても相手にはわかりません。

ロジカルに結論から話し、的確な言葉をチョイスする。礼儀正しく、しっかりと共感する。ゆっくりと、心地良い声で話す。

これらを意識して話すことができれば、新人とは思われません。新人だからといってなめられることもなく、お客様も安心して話してくださいます。

年配の方も一緒です。

ある会社に、定年退職した営業職だけを集めたテレアポ部隊があります。みなさん60歳を過ぎて定年退職された元管理職なのですが、アポイント率がめちゃめちゃ高いのです。私はその様子を目の当たりにして驚きました。

その部隊は社員募集の求人メディアの営業をしていましたが、求人業界では社長にアポイントを取れると話が早く進みます。

若手が電話をしても、なかなか社長に取り次いでもらえませんが、年配の方がゆっくりと落ち着いた声で電話をすると、簡単にアポイントが取れます。

営業「お世話になっております。○○の△△と申します。山田社長、お見えでございますでしょうか？」

窓口「どういったご用件でしょうか？」

営業「□□商事はご存知でしょうか。私、かつて、その関連会社で社長をやっておりまして、今は求人メディアのお手伝いをしておりますものですから、人の採用などでいろいろと情報を持っております。情報交換できればと思いまして、お電話させていただきました」

自分より年上の人から、このような電話が来たら窓口の人は断れません。むげにはできないと感じて、社長に取り次いでくれます。

対面型では60歳を過ぎていることは、人によっては不利になる場合がありますが、電話なら見た目ではなく、その信頼感のある声と話し方が武器になります。

年配の方でも若手のような話し方をしている人もいますが、それはもったいないです。年配の方には、それを武器にする電話のかけ方があります。自分のウリは何か、特に意識してもらいたいのです。

人生100年時代です。その年齢だからこその強みを生かして、リモート営業も覚えれば、今後も長く活躍できます。

若手の方も、電話であれば年齢的な不利を覆すことができます。ほんの少し話し方を変えるだけで信頼され、お客様に耳を傾けてもらえるようになります。

顔が見えないことを、年齢の壁を乗り越える武器にしましょう。

Point

テレアポでは、顔が見えないことがむしろ武器になる

2

相手が心地良くなる「声の抑揚」のつけ方

●同じ台本を使っても、アポイント率が違うのはなぜか?

テレアポは不思議です。同じスクリプト（台本）を使っていても、同じ商品を扱っていても、アポイント率が高い人もいれば、低い人もいます。

それはなぜなのでしょう?

そうなんです、「話し方」が違うんですよね。好印象を持たれるかどうか、ということもありますし、「声の抑揚」があるかどうかによっても違います。

声には、相手が心地良くなる抑揚のつけ方があります。「**声の抑揚**」のつけ方は、次の4種類です。

① **声の緩急**

② **声の高低**

③ **声の強弱**
④ **声の音色**

また、相手に話を聞いてもらいやすい「**間の取り方**」もあります。話し方を変えることで、電話で断られる確率が圧倒的に少なくなります。

「声の抑揚」のつけ方と、「間の取り方」について詳しく見てみましょう。

① **声の緩急**

例えば、こんなテレアポ、嫌じゃないですか？

「お世話になっております私らしさラボの伊庭と申します大変恐れ入りますご担当者様お見えでございますでしょうか？」

声に出して読んでみてください。この抑揚のなさ、心地良くないですよね。

でも4つのことをすると、同じ内容でも印象が全然違ってきます。

1つは、声の緩急の変化。あるところは、ゆっくり話すということです。**強調したいところ、ちゃんと印象に残したいところは、ゆっくりと話します。**

「お世話になっております。私、らしさラボの伊庭と申します。大変恐れ入ります。

ご担当者様、お見えでございますでしょうか？」

社名、自分の名前、取り次いでもらいたい相手、この3つの部分をゆっくり話すことを意識して声に出して読んでみてください。

いかがでしょう、ちょっと聞きやすくなりませんでしたか？

印象に残したいところだけでも、ゆっくり話すと印象が変わります。もしスクリプト（台本）がありましたら、そこに「〜」と波線を打っておいてください。波線を打ったところは、ゆっくり話す。それだけで聞こえ方が変わります。

②声の高低

2つ目は「声の高低」です。あるところは高く、あるところは低くします。高く、低く、これをつけるだけでも印象が変わってきます。

簡単な方法を紹介します。それは、**文章の前のほうに、声の高いところを持ってきて、後ろのほうに、低いところを持ってくる**のです。

例えば、こんな感じです。左のセリフを、（⬆）の部分は高く、（⬇）の部分は低くなるイメージで、声の高低を使い分けて読んでみてください。

「（⬆）お世話になっております（⬇）。（⬆）私（⬇）、（⬆）らしさラボの伊庭と申します（⬇）。（⬆）大変恐れ入ります（⬇）。（⬆）ご担当者様、お見えでございますでしょうか？（⬇）」

メリハリがついて、だいぶ聞きやすくなったのではないでしょうか？

③声の強弱

3つ目は、声を強く出すか、弱く出すか、強弱の変化です。強調したいところは「強く」発声する。声を少しでも「大きく」する。それだけです。

「お世話になっております。私、**らしさラボ**の**伊庭**と申します。大変恐れ入ります。**ご担当者様、**お見えでございますでしょうか？」

強調したいところは、強く発声してみてください。その箇所はマーカーで引いておくといいでしょう。伝えたいポイントがハッキリします。

④声の音色

最後は、声の音色です。声には、明るい声と暗い声、柔らかい声と硬い声があります。**テレアポの場合は、明るく、柔らかい声**です。暗くて、硬い声では、アポイントが取りにくくなります。ぜひ意識してみてください。

明るい声の出し方は、口を大きく開けて、口の中で共鳴させるイメージです。暗い声は、声を出すときに、あまり口を開かず、前に向けてしゃべるイメージです。両方やってみると、違いがよくわかります。

柔らかい声は、ソフトに話すイメージを心がけるだけです。顎《あご》の筋肉をあまり動かさずに声を出すと、硬い声になります。

テレアポは、口を大きく開け、口の中で共鳴させながら、柔らかくしゃべる、そんなイメージでやってみてください。

●間の取り方

声の抑揚とともに大事なのは「間の取り方」です。間の取り方には、2種類のテクニックがあります。

1つは、リズムを取るために間を取ります。リズムを取るための間は「**2拍**」です。手を叩いてみてください。パン・パン**（1・2）**です。

「お世話になっております。私、らしさラボの伊庭と申します。**（1・2）**大変恐れ入ります。ご担当者様**（1・2）**、お見えでございますでしょうか？」

もう1つのテクニックは、大事なことを言う直前に間を取ります。こちらは「**4拍**」

に変えます。例えば、このような感じです。

営業「鼻毛カッターをお使いになられたことはございますでしょうか？」

先方「いや、使ったことはないから、別にいらないよ」

営業「さようでございますか。大変失礼をいたしました。ということは、こういったことでございますでしょうか？ **（1・2・3・4）** 鼻毛についてのご不安はなく、**（1・2・3・4）** 万全ということでございますでしょうか？」

なぜ、鼻毛カッターなのかはさておき、大事なポイントである「鼻毛」と「万全」というフレーズを言う前に「4拍」の間を取ってみました。

このようにすると **「今からここを強調する」** ことがわかります。それによって相手も聞く体勢を整えられます。ぜひ、この「4拍の間」も使ってみてください。

声に抑揚をつけ、しっかり間を取ると、同じセリフでも相手に与える印象がまったく変わります。意外とこれ、大きな差になります。

Point

声に抑揚をつけ、間を取るだけで、アポイント率が高まる

3 なぜか断られない「口の開け方」

●ボソボソ話して、聞き取れない声はNG

私はユーチューブで「研修トレーナー伊庭正康のスキルアップチャンネル」という番組をやっていまして、さまざまなビジネススキルの動画をアップしています。そのなかで際立って閲覧数が多いのが、テレアポの動画です。

テレアポについて悩まれている方が、それだけ多いのだと思います。ガチャ切りされるのは、特にしんどいですよね。

でも安心してください。ちょっとしたコツで、うまくいくようになります。

テレアポは、最初の10秒が肝心です。

最初の10秒で相手に好印象を持ってもらうためには、「声の出し方」が重要なんです。

ボソボソ話していて、何を話しているか聞き取れない。これはNGです。聞き取れない声は、相手にストレスを感じさせてしまいます。

実は、すぐにガチャ切りされてしまう人は、このパターンが多いのです。はっきり話す、わかりやすく話す、聞き取れるように話す。これを意識するだけで、ガチャ切りされることは限りなく少なくなります。

●甲高い声・耳障りな声もNG

声のトーンも、注意したいポイントです。人は緊張すると、声のトーンが高くなりがちです。あなたもそういうことはありませんか？

営業電話で、甲高い声はNGです。

甲高い声は、耳障りに感じやすく、相手にストレスを与えてしまいます。甲高い声は女性に多いイメージがありますが、意外と男性でも少なくありません。

知らない人に電話をするのは、誰しも緊張するものです。そのため自然と声が甲高くなってしまうのですが、なかなか自分ではわかりません。

テレアポをするときは、ＩＣレコーダーやスマホで自分の声を録音してみてください。もしくは同僚に聞いてもらってください。

まずは自分の声を確認し、そこから声の出し方を変えていきます。

●「かきくけこ」を「あいうえお」の口の形で言うと滑舌が良くなる

発声を良くするために、私がやっている2つのテクニックを紹介しましょう。

1つは「**『かきくけこ』を『あいうえお』の口の形で言う**」です。これをすると滑舌が良くなって、声が出るようになります。

朝は特に声が出なくなるので、午前中に研修やユーチューブの収録があるときは、必ずやっています。テレアポをする前にもオススメです。

もう1つは「**口角を上げて話す**」です。口角を上げずに、次の文を読んでみてください。

「お世話になっております。らしさラボの伊庭と申します」

いかがでしょう？　ボソボソした話し方になってしまって、何を言っているのかよくわからないですよね。

今度は、口角を上げて読んでみてください。

どうでしょう？　ハキハキした口調になって、随分印象が違うのではないでしょうか。テレアポの際にこれを意識すると、好感度が確実に上がります。

●手鏡を置いてチェックする

コールセンターには、**電話をする際にパソコンの前に「手鏡」を置く**というテクニックがあります。なぜ鏡を置いていると思いますか？

自分の口を映しているのです。

電話をするときに、口角が上がっているか、上がっていないかをチェックする。そうすることによって、意図的に滑舌が良くなるようにしているのです。

「お世話になっております。私、らしさラボの伊庭と申します。大変恐れ入ります。ご担当者様、お見えでございますでしょうか？」

手鏡を置いて、口角を上げて読んでみてください。嫌でも明るくなります。

口角を上げると、暗い声は出せません。

「口の開け方」を意識することが、ガチャ切りされない電話の第一歩です。

Point

テレアポは、口角を上げて、ハキハキと、明るい声で話す

4 つい相手が引き込まれる「話のスピード」

●「早口」か「ゆっくり」か？

テレアポでは、もう1つ大事なポイントがあります。話のスピードです。

早口とゆっくり、どちらがいいと思いますか？

これは意見が分かれるところですが、**相手との関係性を築きたいなら「ゆっくり」です。**なぜかというと、早口は、まくしたてられているような感じがするからです。

「山田様お世話になっておりますご無沙汰しておりますこの間はありがとうございましたところで山田様ちょっとお話できますか？」

こんな感じで電話をしてこられたら、しんどいですよね。そうなんです。**電話で早口になると、相手はしんどくなるんです。**

話のスピードは、場面によって適切な速さが変わります。リアルな対面はゆっくりのほうがいいのですが、多少速くても許されます。ユーチューブの動画では、早口が求められます。電話は、ゆっくりです。

「山田様、お世話になっております。ご無沙汰しております。この間は、ありがとうございました。ところで山田様、ちょっとお話できますでしょうか？」

イメージは、1秒間に6文字。「ありがとうね」「ありがとうね」「ありがとうね」――**3秒で「ありがとうね」を3回言うくらいのリズム**です。

●自信がない電話ほど「早口」で「饒舌」に話してしまう

営業電話は、早口になりがちです。実は、これには理由があります。**人は自信のないことを話すときは、早口になる**と言われています。話すスピードが上昇し、饒舌《じょうぜつ》気味になる傾向もあります。

プライベートの会話でも、不安になっていると、早口になったり、余計なことをしゃべったりしませんか？　まさにあれです。

テレアポも「断られるんじゃないか……」と不安になっていると、どうしても早口になってしまいます。すると、ますます断られやすくなってしまいます。

テレアポは、ゆっくり話す。まずはこれを意識してください。

そして、次の3つのポイントに注意してください。

① ムダなノイズを消す

早口になると、余計な言葉が増えます。私は早口な電話を録音して分析したことがありますが、早口の人はこんな感じでしゃべっています。

「今日はお忙しいところ、お時間を頂戴してしまい、本当にありがとうございます。ほんの少しではございますが、ご迷惑のかからない範囲で、ちょっとだけお時間を頂戴させていただき、弊社の新たなサービスをご紹介させていただければと思い、お電話で失礼をさせていただきました」

早口の人は、間がもたなくなるのが怖くて、あれこれ余計な言葉を発してしまいます。傍線の部分は、なくていい言葉＝ノイズです。

ノイズを消すと、こうなります。

「お忙しいところ、ありがとうございます。弊社の新たなサービスをご紹介させていただければと思い、失礼をさせていただきました」

いかがでしょう。文字数は半分以下に減りましたが、何の問題もなく、話がわかりやすくなりました。**早口の人は、聞き取りにくいうえに、余計なノイズが多いため、かえって何を言っているのか、わからなくなってしまいます。**

自分の電話を録音して、文字で書き起こしてみてください。そして、右の例文のように余計な部分に線を引いてみましょう。

自分の言葉に、どれだけムダなノイズが多いのかがよくわかります。それを消して読む練習を繰り返せば、身体は次第にそのリズムを覚えていきます。

②「ヒゲ」をなくす

録音して書き起こすと、言葉の「ヒゲ」が多いこともよくわかります。

「え〜、私、らしさラボの伊庭と申します。えっとですね。あの、今回お電話したのは、その、弊社のサービスをですね、ご紹介させていただければと……」

実は、ほとんどの人がこんなふうに話しています。

ヒゲとは「え〜」「えっとですね」「あの」「その」といった意味のない言葉です。文字にして読んでみると、イラッとしますよね。でも30人いれば、28人がこう話しています。これもテレアポではＮＧです。

「ハキハキしゃべってよ」「もっとわかりやすく話してよ」と思われて、これだけでも「この人、嫌だな」となってガチャ切りされてしまいます。

ヒゲをなくす方法も、「焦らず、ゆっくり話す」です。

ゆっくり話せば「あの」「その」「えっとですね」が出そうになっても気づくことが

できます。そのときに我慢して、飲み込む。これだけで直せます。

③言葉を区切る

早口の人は「○○でして」「○○なので」「○○しまして」と話が延々と続いて、区切りのない言葉になりがちです。例えば、こんな感じです。

「私、伊庭と申しまして、このたびこのエリアを担当することになりまして、○○の事業でお世話いただいておりまして、こちらの件でも改めてご挨拶させていただこうと思いまして、お電話させていただいた次第でございまして……」

いかがでしょう？　わかりにくいですよね。

これも「何を言いたいんだよ」と相手をイライラさせてしまうのでNGです。でも多くの人が無意識にやってしまっています。

テレアポは、言葉を区切って、句点「。」を打つことを意識してください。

「私、伊庭と申します。このたびこのエリアを担当することになりました。ほんの少し、お時間よろしいでしょうか？」

読点「、」ではなく、句点「。」を打つ。しっかり区切って話しましょう。

●２ヶ月の練習でアポイント率が飛躍的に上がる

これらを自分のものにするためには、２ヶ月かかると思ってください。２ヶ月たてば、何も見ずとも、意識しなくても、自然に話せるようになります。

ロンドン大学のフィリッパ・ラリー博士は、人が何か新しいことをするときは、それが定着するまでに66日かかるという研究結果を発表しています。

ただ、すべてをマスターするのは２ヶ月かかるとしても、テーマを決めて、１つずつ取り組んでいけば、もっと早くできます。１人ではなく、誰かに協力してもらえると、さらに早くなります。

電話を録音して聞いてみても、自分では余計な言い回しやヒゲの多さに気づけなかったりするものです。誰かに聞いてもらえば、無自覚なクセを客観的に指摘してもらえます。

テレアポは、２ヶ月練習すれば、アポイント率が飛躍的に上がります。

Point

できるだけゆっくり話して、余計な言い回しをやめる

5 断られない営業はなぜライバル商品をほめるのか？

●テレアポで絶対にやってはいけないこと

テレアポをする人が絶対にやってはいけないのは、ライバル商品を悪く言うことです。でも多くの人がやってしまって失敗しています。

例えば、求人広告の営業だったら、こんなテレアポはNGです。

営業「お世話になっております。私、『アルバイトマガジン』の伊庭と申します。お忙しいところを恐れ入ります。今、お時間少しよろしいでしょうか？」

先方「今は『バイトニュース』を使っているから結構です」

営業「そうだったのですね。今回、何名の募集でしょうか？」

先方「3人ですけど」

営業「そうでございますか。いつまでご掲載ですか？」

先方「今週の金曜日まで」
営業「金曜日までなのですね。面接はあと何名、入っていますか?」
先方「1人です」
営業「では、足りない、ということですね。よく『バイトニュース』をご利用されている企業様はおっしゃっているんですけど、前半が勝負だと。金曜日までのご掲載なら、あと1名では厳しいかもしれないですね。その点、当社は……」

いかがでしょう。**相手の不幸を「待ってました!」と言っているかのような話し方**ですよね。実は、多くの営業がこういうトークをしてしまっているのです。

●ライバル商品は、お客様がチョイスしたもの

「**拡張自我**」という言葉があります。

家柄、学歴、会社、職業、車、家、服装、髪型、友人、アクセサリー、ペットなど、その人が所属したり選んだりしたものは、すべて延長線上の自分であるという考え方です。その人の自我を形成しているのは、内側ではなく、主に外側にあるということです。

例えば、自分が苦労して購入したマイホームを誰かにけなされたり、可愛いペット

の悪口を言われたら、誰だって嫌な気持ちになりますよね。

ライバル商品も、それと同じです。お客様が選んだ拡張自我なのです。営業担当者が良かれと思ってアドバイスしても、お客様からしてみれば「なんで君にそんなこと言われなあかんねん！」と思われてしまいます。

●ライバル商品をほめたほうが、アポイント率が上がる

当たり前のことですが、人の悪口を言ったら自分が嫌われます。ライバル商品の悪口を言う営業は、絶対に信用されません。

ライバル商品については、むしろ「ほめる」ぐらいのスタンスのほうが、アポイント率が上がります。先ほどの例文でやってみましょう。

営業「今週の金曜なら、まだ日程がございますね。『バイトニュース』さんは影響力がありますから安心ですね。これから応募もたくさん入るかと存じます」

先方「それは、わからないけどね」

営業「まだまだ十分な日程がありますので、どうか楽しみにされてください。満足されてらっしゃると重々承知のうえで、勉強の意味であえてお伺いさせていただいて

もよろしいでしょうか。このようなサービスを使われるうえで、もし10点満点というのがあるならば、何点くらいの点数をつけられますか？」

先方「まあ、８点くらいかな」

営業「ありがとうございます。教えていただきまして。お伺いしてもよろしいでしょうか。あと２点というのは、どのようなことでしょうか？」

ライバル商品はお客様の拡張自我ですが、100％満足しているとは限りません。あえてほめることによって、お客様が安心して接してくれるようになります。お困りごとなども聞かせてもらいやすくなります。

10点満点で聞いた場合、10点と答える人はほとんどいません。満足している場合でも、８点、どんなに高くても９点です。

その**足りない１点、２点を解決する情報を提供する**ことによって、アポイントが取れたり、オンライン商談への案内がしやすくなるのです。

Point

ライバル商品をほめると、お客様から安心して接してもらえる

6 「熱心な営業」と「しつこい営業」は何が違うのか？

●粘り方にも２種類ある

テレアポは、粘ることが大事です。ただし粘り方にも2種類あります。「熱心な営業」と「しつこい営業」です。どちらも粘りますが、粘り方が違います。

お客様のために粘れば「熱心な営業」になります。自分のために粘れば「しつこい営業」になって、お客様に嫌われてしまいます。

ライバル商品をけなして自分と会ってほしいと言うのは「しつこい営業」。それをもっとうまく使う方法を伝えれば「熱心な営業」になります。

例えば「熱心な営業」は、このように話を展開させていきます。

営業「今回、私どもを使ってください、というつもりはまったくございません。ご安心ください。『バイトニュース』さんをご利用されて成功していただきたいという気持ちでお話しさせていただくのですが、もし今回の採用成功に向けて何かご不安な点があれば、情報だけでもお伝えできればと思っております。いかがでしょう、何かご不安な点はございますでしょうか？」

先方「不安な点？」

営業「わかりにくくて申し訳ございません。応募がこれ以上入らないのではないか、面接に来ないのではないか、あるいは採った人が採用日に来ないのではないかなど、いろいろなご相談をいただくことがあります。もし気になることがあれば、情報をお伝えできます。何か今のところで気になることはありましたか？」

先方「面接かな。半分くらいは面接に来ないんだよね」

（アルバイト・パートの面接は、実は応募者の半分くらいしか来ないのが当たり前です。でもわからないフリをして話を続けます）

営業「そういうことでございましたか。でしたら、その対策をまとめた資料がございますので、もしよろしければ、それだけでもご覧になりませんか？」

先方「じゃあ送ってもらっていい？」

リモート営業の場合は、ここからオンラインでの情報提供を案内します。

どうしても訪問しないと商談ができない場合は、ここで「はい」と言ってはいけません。資料を送ったら、アポイントが取れなくなってしまいます。次のように粘りましょう。

営業「お忙しいことは重々存じあげておりますが、一言だけ添えさせていただくのも含めて、名刺交換させていただけませんでしょうか。お時間を取らせませんので」

（1回、粘ります）

先方「でも、忙しいからね」

営業「うまくお伝えすることができず申し訳ありません。この資料は本当にどのお客様にも喜んでいただいているものでして、チラっとだけでもご覧いただけませんでしょうか？」

（ここで「そこまで言うなら」と会っていただける場合もありますが、ダメなら最後に、次のようにもう1回、粘ります）

先方「でも、時間ないからなぁ」

営業「かしこまりました。チラっとご覧いただいて、こんな資料は持っているぞということであれば、その場ですぐ帰ります。損させることは絶対にないと自負しておりますので、もしよろしければ資料だけお渡しさせていただけませんでしょうか」

いかがでしょう？ 3回粘りました。このときに粘り方を間違えると、「しつこい営業」になってしまいます。粘り方が正しければ「熱心な営業」になります。

その差を分けるのは**「自分のためか」「お客様のためか」という粘り方の理由**です。

そして、後者の理由を示すのが、お客様にとって本当に役立つ情報です。

●粘るためには「お得な情報」が不可欠

お客様にとって役立つ「お得な情報」がないと、こんな粘り方になります。

「お時間はお取りしませんので、1分だけでもお会いできませんでしょうか？」

「私、いつも近くに参っておりますので、ほんの少しでも顔を出させていただけないでしょうか？」

お客様にしてみたら、1分であろうが30秒であろうが嫌なものは嫌です。近くに参っている？ そんなことはお客様からしたら「知ったこっちゃない」です。お客様にとって何一つメリットがありませんよね。これが「しつこい営業」です。

情報は欲しいけど、営業には来てほしくない。だけどなんか役に立ちそう……。お

客様にこのように思ってもらえると「熱心な営業」になります。

だからこそ、お客様に本当に役立つ「お得な情報」を1つは用意してもらいたいのです（どのような情報がいいかは第4章で説明します）。

●「腕のカサカサ、かゆくないですか？」

しつこい営業とは「ちょっとだけ腕をつねらせてもらえませんか？」と言っているようなものです。こんなことを言われたら、当然「嫌だ」と思いますよね。それなのに、こんな粘り方をしてしまっているのです。

営業「ご安心ください。いつも私、近くに行っておりますので」
先方「いやいや、近くにいるからって来られても困るから」
営業「お時間は取りませんから。1分だけ、ちょっとつねって帰りますので」

逆の立場だったら、絶対に嫌ですよね。あなたもこのような営業をやってしまっていないでしょうか？　企業研修でこのお話をさせていただくと、ほとんどの営業の方が、しつこい営業になってしまっていると告白されます。

熱心な営業とは、次のようなものです。

営業「腕を少し触ってもらっていいですか、カサカサになってませんか？」
先方「なってるね」
営業「そのカサカサ、かゆくないですか？」
先方「あ、言われてみれば、かゆい」
営業「で、ございましたら、実はそのカサカサが取れて、かゆみがピタッと取れるツボがあるのです。もし良かったら、そのツボを押しに行きましょうか？」
先方「どうしようかな……」
営業「いつも近くに参っておりますので、1分だけツボを押したら帰ります」
先方「じゃあ、来てもらおうかな」

これが目標とすべき営業の姿です。そしてアポイント率を上げる極意です。

Point

「熱心な営業」は、お客様にとってのメリットを第一に考える

7 ○○をつけるだけで購入率が2倍に！

●「この商品いかがですか、○○さん」「ところで○○さん」

とても簡単なのに、テレアポをしている人が、意外と使っていないテクニックを紹介します。しかも、売上が2倍になります。

それは**お客様を呼ぶときに「○○さん」と名前で呼ぶこと**。それだけです。

「この商品いかがですか、○○さん」

「ところで○○さん」

簡単ですよね。これは「**ネームコーリング**」と呼ばれる、名前で呼ぶと一気に親しみが出るという心理学のテクニックです。

トップセールスの人たちは無意識に使っていますが、意識的にやっている人はほぼいません。売上が2倍になる理由は、ある実験で示されています。

● ダニエル・ハワード博士の実験結果

アメリカ・南メソジスト大学のダニエル・ハワード博士は、学生たちを教授室に呼び出して、次のような心理学の実験を行いました。

あるグループには、名前を呼んで「クッキー買ってよ」と言い、別のグループには、名前を呼ばないで「クッキー買ってよ」と言いました。

すると、名前を呼んだグループの購入率は90％、名前を呼ばなかったグループは50％、なんと約2倍もの違いがあったそうです。

名前を呼ばれると、相手は親近感を覚えて、行動に変化が起きるのです。

ネームコーリングは、私も営業で実際に使っていたテクニックです。

驚くほど効果がありましたが、テレアポの現場を見ていると、使っている人があまりいません。もったいないです。

「私、港区の担当になりましたので、お電話させていただきました」

ただこう伝えるのではなく、相手の社名や担当者の名前を付け加えるのです。

「私、港区の担当になりました。ぜひ**ABC商事様**にはご挨拶させていただきたいと思いまして、お電話させていただきました」

「**山田様**、いつも大変お世話になっております」

社名や相手の名前をつけるだけで一気に距離感が縮まった感じがしませんか？

それはお客様にとっても同じことです。名前を呼ばれることは「あなたの価値や存在を認めています」という存在承認になります。これは誰もが嬉しいものです。

「誰か」に買ってほしいのでなく、「あなた」に買ってほしいという気持ちを伝えることで、お客様の購入に対する意識がまったく変わります。

●話の内容より「人柄」で購入する

アメリカのスタンフォード大学でも、興味深い実験が行われました。

同じ話を聞いても、話の「内容」を意識した場合と、話す人の「人柄」を意識した場合では、受け取り方が大きく異なるというのです。

同じ話を聞いて意見を変えた人の割合は、次のような結果になったそうです。

話の「内容」を意識したグループ……20％が変更

話す人の「人柄」を意識したグループ…43％が変更

話す人の「人柄」は、話の「内容」よりも人の行動に大きく影響を与えます。この実験では、２倍以上の差がありました。

商品のパンフレットを見ても別に買おうと思わなかったのに、信頼している人から勧められたら迷わず買ってしまった。

そういう経験、ありませんか？

クチコミで商品がヒットしたり、有名人行きつけのお店に行列ができたりするのも、同じことです。私たちは「内容」より「人柄」に影響されるのです。

お客様の名前を呼ぶと、営業担当者も、単なる「営業マン」から「○○社の□□さん」として認識され、「人柄」を意識してもらえるようになります。それによって「人」と「人」という関係性に変化してきます。

「人」と「人」の関係になることができたら、アポイント率も上がり、購入率が２倍に増えます。ネームコーリング、すぐにでも始めてみてください。

Point

お客様の「名前」を呼ぶだけで、購入率が2倍に増える

8 窓口で断られる際の突破術

●窓口ブロックは「会社」対「会社」で突破する

企業研修をしていると「**窓口ブロック**」に対する質問をよくいただきます。

営業「ご担当者様、いらっしゃいますでしょうか？」
窓口「断るように言われております」

先方の窓口の人にブロックされてしまって、担当の方に電話をつないでもらえない。テレアポでは、こういうシーンがよくありますよね。

窓口ブロックを突破するには、次のようなテクニックが有効です。

営業「大変失礼いたしました。ＡＢＣ商事様へは弊社のほうからご挨拶だけでもと思いまして、お電話させていただいております」

前のページでは「人」と「人」の関係になることが大事とお伝えしましたが、**人にたどり着けない場合は「会社」対「会社」感を出します**。

営業「ご担当者様に、このようにお伝えいただけませんでしょうか。ご挨拶かたがた、○○の資料をご用意させていただいております。この資料の件だけでも、お伝えいただけませんでしょうか？」

このように「会社」対「会社」感を醸し出して「資料がある」と伝えると、窓口の人は自分では判断できなくなります。

窓口（この資料、なんか重要っぽいな。私が断っちゃっていいのかな？）

断っていいのか迷って、担当者の判断を仰がざるを得なくなります。これで断れる人は、なかなかのやり手です。ほとんどの場合、次のようになります。

窓口「ちょっと私ではわかりかねますので、少々お待ちください」

そう言って担当者の方に確認します。

窓口「課長、らしさラボの伊庭さんって方からお電話入っているんですが、どうされますか？」

課長「営業の電話？」

窓口「営業っぽいんですけど、○○の資料があるっておっしゃっています」

課長「資料？　じゃあ、ちょっと電話だけつないでもらっていい？」

いかがでしょう？　**窓口ブロックは「会社」対「会社」で突破できます。**

●嘘をつくことは絶対NG

ただし、やってはいけないことがあります。それは、嘘をつくことです。営業担当者の中には、次のような突破術を使っている人がいます。

悪例①「市役所から話が行っているかと思うんですが」

これが事実でなければ、非常に悪質です。こんなパターンもあります。

悪例②「港区における○○の件とお伝えいただければ、わかると思います」

わけがわかりません。窓口の人もわけがわからないから、とりあえず担当者の方につないでくれます。けれど……

担当「えっ、行政の方じゃないんですか？」

すぐに騙《だま》されたことに気づきます。こういう営業は、絶対にやってはいけません。

また、こんなパターンもあります。

悪例③「社長には、いつもお世話になっております」

嘘をついて「社長と知り合い感」を出すテレアポです。これも絶対にNGです。嘘がバレた瞬間に、あなたや会社の信用をすべて失います。

●正々堂々とやるのが、テレアポというゲーム

テレアポというのは、慣れるまでは苦行のように感じますが、ちょっとやり方を変えるだけで楽しいものになり、成果も上がります。

テレアポはゲームである。これが私の持論ですが（詳しくは第3章で説明します）、ゲームは正々堂々とやらなくてはいけません。

嘘をついて窓口の人を突破しても、騙されたことに気づいたお客様は、二度とあなたの会社を信用してくれなくなります。

テレアポの目標は、先方の担当者につないでもらうことではありません。「ご縁」をつくって、リードを育てていくことです。

お客様に喜んでもらえる資料を用意し、正々堂々と窓口を突破しましょう。

Point

「会社」対「会社」で正々堂々と窓口を突破する

9 責任者・経営者につないでもらう方法

●担当者にしか会えなくて、責任者に会えないときは？

訪問しても会えるのは担当者だけ。決裁者には会えないことはよくあります。テレアポでいえば、責任者に電話をつないでもらえないケースです。

これは、めちゃくちゃ簡単に突破できます。

「ご担当者様いらっしゃいますか？」ではなく「ご責任者様いらっしゃいますか？」、この一言で責任者の方に出てもらえます。

ただ、業種によっては、さまざまな責任者がいます。

例えば、私がやっていた求人広告の場合は「人事のご責任者様」ではダメでした。「採用のご責任者様」でもダメです。

正解は「アルバイト・パートのご責任者様」、あるいは「新卒採用におけるご責任者様」「中途採用におけるご責任者様」です。

求人広告は、部門ごとに決裁者が違う場合が多いので、どの部門の責任者なのかを明確にしないと、電話を取り次いでもらえません。

これは、どの業界でも同じです。

責任者が複数いる会社にテレアポをする場合は、「○○導入のご検討をされるご責任者様」「法人向け生命保険のご責任者様」など、**営業したい商品・サービスの直接の決裁者を具体的に指名して電話をつないでもらいましょう。**

●経営者には「コールドメール」が効果的

経営者に直接アポイントを取りたい。そういう場合もありますよね。でも取引のない会社の経営者に取り次いでもらうのは、かなりハードルが高いです。

そこでオススメなのは、「**コールドメール**」です。

コールドメールとは、面識のない相手、これまでつながりのなかった新規のお客様に、企業の問い合わせフォームなどを経由して、いきなりメッセージを送ることをいいます。

本来は著名人へのインタビュー依頼などに用いられるものですが、営業メールにも応用できます。ただし、知らない相手からいきなりメッセージが届くわけですから、一歩間違えると不躾な印象を与えてしまい、スパムメールと勘違いされてしまうことさえあります。でも正しく送れば、エグゼクティブとも直接コンタクトが取れ、オンラインで実際に対話することもできます。

コールドメールで重要なのは「下調べ」「サンプル」「具体的なメリット」「オンラインへの誘導」の４つのポイントを押さえることです。

私はエグゼクティブではありませんが、実際にコールドメールをもらったことがあります。そのときのメールを参考に説明しましょう。

①下調べ

私がもらったのは、動画制作の営業メールでした。「現在、動画編集のお手伝いをいたしております」という自己紹介の後、次のように書いてありました。

今回は伊庭正康様のユーチューブを拝見させていただき、チャンネルの再生数UP、さらに登録者数をUP、視聴維持率を高める編集のクオリティのアルゴリズムに準拠した編集をご提案致したく連絡させていただきました。

コールドメールを送る際にまず大事なのは、相手のことをちゃんと下調べしておくことです。なぜなら相手の興味を喚起するような内容でなければ、読んでさえもらえないからです。ただ、このときに私が感じたのは「ユーチューブを見てくれてるんだ」ぐらいでした。下調べしてくれているのはわかりましたが、これだけでは、なかなか心は動きません。

②サンプル

次にこう書いてあり、2本の動画のURLが記されていました。

ご参考動画／このような動画を制作いたしております。

参考動画がある。これは見ます。やっぱり興味ありますから。見て「へえ〜」と思いました。見て良かったです。使用ソフトも書いてあって、プロユースのものを使っていることもわかりました。

③具体的なメリット

どんなメリットがあるのか。ここが重要です。こう書いてありました。

【納品本数の目安】
週あたり4〜5本
【サービスの特徴】
・スピードある対応（最低3時間以内。平均30分以内に返信します）
・納期に余裕を持った納品。即納にも対応
・比較的安価
・動画のコンサルテーション（チャンネル成長を共に盛り上げていきます）
動画編集を通して、課題を解決する一助になれれば幸いです。
ご希望であれば、お試しで1分動画をつくらせていただきます。

まずメリットに感じられたのは、返信は3時間以内という速さ。あと即納対応。しかも、安価でコンサルもしてくれるといいます。私は思いました。
「それが本当なら十分ペイできそうだな。サンプル動画をつくってもらおうかな」

④オンラインへの誘導

かなり興味を持ったものの、いきなりアポイントを取られて、仕事場に来られても困ります。すると、メールの最後にこう書いてありました。

オンラインでお話しさせていただくことは可能でございましょうか？

「オンラインで説明を聞く分には損はないから、聞いてみようかな」

私はそう思って、返信のメールを送り、翌週にはZｏｏｍで話をしました。

●パターンさえ守れば、誰が送っても効果を発揮

オンラインで実際に対面したときに、私は2つのことに驚きました。

1つは、相手が学生さんだったことです。

「ど、ど、どうも、こんにちは」と話し方が社会人っぽくなく、ものすごく緊張されていました。聞いてみると、九州に住んでいる大学生でした。

なのに、どうしてこんなにポイントを押さえたコールドメールを作成できたのか不思議に思って聞いてみると、先輩から型を教わったといいます。

コールドメールは一歩間違えるとスパムと勘違いされてしまいますが、「下調べ」「サンプル」「具体的なメリット」「オンラインへの誘導」という4つのポイントを押さえていれば、学生が送っても効果を発揮するのです。

もう1つ驚いたのは、成約率の高さです。動画制作の説明を受けた後、私は勉強の意味で聞いてみました。

伊庭「このメール、何通ぐらい送られたんですか？」

相手「20通です」

なんと、そのうち5通が成約したというのです。当人は自覚していませんでしたが、これはすごいことです。

テレアポで20件電話して、5件なんてまず受注できません。ましてやエグゼクティブや決裁者は忙しいので、普通はこういう反応はあり得ません。

コールドメールは、正しく送れば驚くほど効果があります。実際、私はオンラインで話した後、契約をしました。ぜひ参考にしてみてください。

Point

「責任者の指名」や「コールドメール」を活用して接触を図る

第3章

テレアポの手順の基本を覚えよう

1

大きく変わった　コロナ禍以降のテレアポの流れ

●電話とオンラインの組み合わせでアポイント効率アップ

コロナ禍以降は、テレアポの流れが大きく変わりました。

これまでの「テレアポ→訪問」というアプローチが当たり前ではなくなり、「電話→オンライン」という新しい選択肢が加わりました。今、新たな手法に移行することは絶対の条件となっています。

電話とオンラインを組み合わせた結果、アポイント率・成約率ともに2倍以上に増大させている会社もあります。

理由は、オンラインで「情報共有」をしながら会話をすると、課題を教えてもらいやすくなるからです。

ここで「電話→オンライン」のリモート営業の手順を整理しておきましょう。

●「電話」から「オンラインで情報共有」の手順

リモート営業は「電話」か「メール」でアプローチし、その後「オンラインで情報共有」を行うスタイルです。

前述したように、オンラインツールにもいろいろあります。

営業に特化した「ベルフェイス」は、URLを送らずとも通話中にブラウザを立ち上げ、接続ナンバーを入力するだけでファイルやメモも共有できます。

また、「Zoom」「WebEx」「Microsoft Teams」「Google Meet」などのWeb会議ツールを活用する方法もあり、無償版も使えます。

こちらは事前にURLを用意して、「差し支えなければアドレスを伺ってよろしいですか?」と確認して送信すれば、すぐにリモート営業ができます。

それでは、新規営業（テレアポ）のケースで紹介します。

基本の流れは、既存のお客様への営業も同じです（既存のお客様の場合は、アプローチを電話ではなく、メールにすることもあります）。

①「挨拶」だけではなく、＋αの情報を提供する

コロナ禍では時間が貴重になっています。「挨拶の電話」と伝えるだけでは、ダメです。ガチャ切り（不要とすぐに切られる）、予防としてお客様の役に立つ、**＋αの情報があることを伝える**ことが重要です。

営業「○○（会社名）様には、ぜひご挨拶だけでもと思い失礼させていただきました。ご挨拶かたがた、昨今の□□の情報もお伝えできればと存じます」

丁寧にゆっくりと伝えてみてください。

「○○様には」と言うことと、「□□の情報」と伝えることがポイントです。「□□の情報」としては、先方が興味ありそうなテーマの資料を複数用意しておきましょう。

②「ちょっとした困りごと」を確認する

次にやるべきは、**課題＝「ちょっとした困りごと」を教えてもらう**ことです。まずは丁寧に傾聴することで警戒心を解きます。2つのテクニックがあります。

❶先方の「言葉を反復」する

先方「今はテレワークを実施していて半数の出勤体制なんですよ」
営業「半数でいらっしゃるのですね」

❷先方の「感情を代弁」する

先方「でもオンラインでも会議は問題なくできています」
営業「それは安心ですね」

その後、「ちょっとした困りごと（不安・不便な点）」を教えてもらいます。

営業「□□についてご不便を感じることはありませんか？」
先方「今はないかな」
営業「教えていただきまして、ありがとうございます。それは安心ですね。では、ご不安もなく……万全……ということでしょうか？」（……は間を開けて話す）
先方「いや、万全というわけではないけどね」
営業「では、どのようなことが、おありなのでしょうか？」

このような流れで「ちょっとした困りごと」を伺います。

③「画面共有」しながらの対話へつなげる

次に「そういうお悩みでしたら、解決のヒントになる情報があります」と伝えて、オンラインでの資料提供を提案します。

ベルフェイスの場合なら、こう言います。

営業「URLを申し上げますので、ブラウザを立ち上げていただいてもよろしいでしょうか？　今から数字（接続ナンバー）をお伝えします」

ZoomやWebEx、Microsoft Teams、Google Meetの場合なら、こう言います。

営業「差し支えなければ、メールアドレスを伺ってよろしいですか？　Zoom（WebEx、Teams、Google Meet）のURLを送らせていただきます」

先方のメールアドレスにURLを送り、画面の共有機能で資料（お役立ち情報）をシェアします。

スムーズに対話を行うためには、以下の準備をしておきましょう。

- 情報を画面上に用意しておく（複数パターンを想定しておく）
- あらかじめ「URLを貼り付けたメール」を用意する
- 資料を共有し、そのあと感想・質問を伺う（＝対話）

④リモートで商談に入る

情報共有での会話の流れから、このように伝えます。

営業「では、いかがでしょう？　もしよろしければ、さらにお役に立てる情報もありますので、お話させていただいてもよろしいでしょうか？」

ここから普段は対面で行っている商談に入ります。商材によっては「ヒアリング→提案→クロージング」と完結することも可能です。

テレアポからリモート営業にもっていくためには、ほかにもさまざまなテクニックがありますが（詳しくは第4章でお伝えします）、まずは電話が重要です。

この章では、電話をかける前の準備から、苦手意識を持ちがちなテレアポを楽しむ秘訣、最短距離で成果を出す方法を紹介します。

Point

これからのテレアポは「電話→オンラインで情報共有」

2 やり方の前に「KPI」を決めておこう

●1件の契約をもらうのに、何件の電話が必要なのか？

テレアポについて、企業研修ではよくこんな話を聞きます。

「上司から、とにかくたくさん電話するように言われています。とりあえず80件電話しています。いつかは結果が出ればいいなと思っています」

こうした**「足し算の発想」では、テレアポはしんどくなるばかりです。**なかなか目標達成もできません。もっとラクに楽しく成果を出せる方法があります。

電話をする前に、まずは「KPI」を決めましょう。

KPIとは「Key Performance Indicators（重要業績評価指標）」の略。簡単にいうと、目標達成するための中間的な指標です。

エクセルを使って、左のような表をつくってみてください。

そして、まずは「1件の契約をもらうのに何件の電話が必要なのか？」を割り出し

電話の前にKPIを決める

	必要な件数	成功する確率
架電数	179件	——
担当者との接触数	71件	40%
アポイント数	7件	10%
商談数	5件	70%
受注数	1件	20%

てみます。

例えば、1件の契約あたり179件の電話が必要だったら、月間6件の目標を達成するには、1ヶ月に1074件の電話が必要ということになりますよね。

でも1074件の電話をしても、3件の契約しか取れないこともあります。そういう場合に備えて「担当者との接触数」「アポイント数」「商談数」という3つの項目を表にまとめ、それぞれの成功する確率を導き出しておくのです。

この表があれば、目標達成できなかったときに「担当者との接触数」「アポイント数」「商談数」のどこにバグ（不具合）があったのかがわかるようになります。

例えば「担当者との接触数」にバグがあったら、ガチャ切りされないように声の抑揚を変えてみる。自分の電話を録音して書き起こし、余計な言い回し

アポイントが取れない理由を探そう

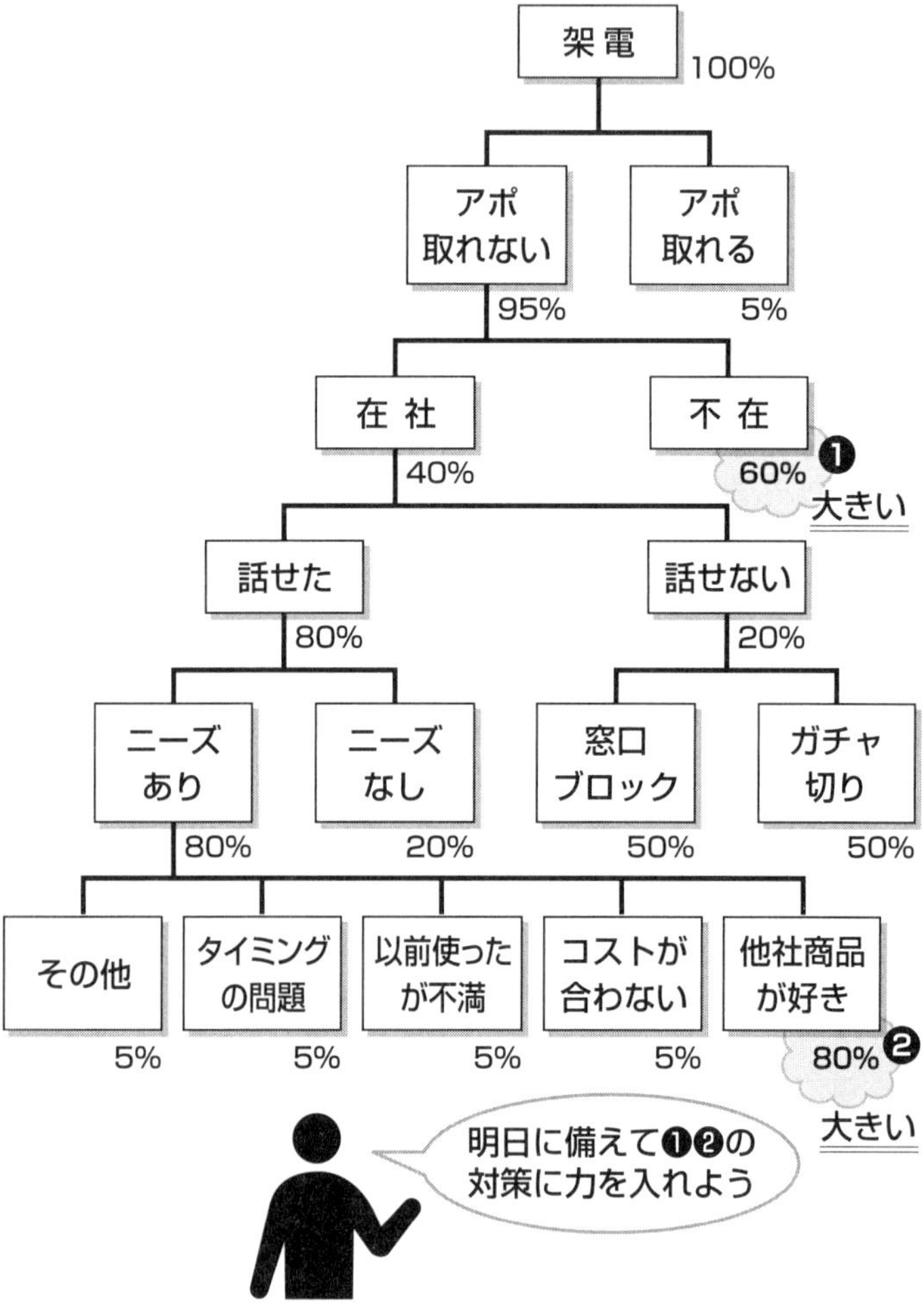

やヒゲを取ってみる。あるいは、お役立ち資料を用意してみる。そうなんです。前章で紹介したテレアポのテクニックを使っていろいろな実験をして、**架電数（電話をかける数）を一定に保ったまま、担当者との接触数・アポイント数・商談数のパーセンテージを上げていく**のです。

●KPIを決めておけば、テレアポはゲームになる

KPIを明確にすると、テレアポがゲームのように楽しくなってきます。

すると労力は一緒なのに、話を聞いてもらえる確率やアポイント率がぐんぐん上がります。成約率も高くなり、テレアポが面白くなってきます。

KPIを明確にし、改善点を絞りこめば、やみくもに努力をする必要がなくなります。そのためには、右の図のように、アポイントがとれなかった理由を検証することも必要です。こうすることで、やみくもに架電をし、アポが取れた、取れないで一喜一憂して終わるということがなくなります。

Point

テレアポをする前に「KPI」を決めて、ゲームとして楽しむ

3

テレアポは「PDCA」を回すゲームである

●「振り返りシート」で楽しみながらレベルアップ

「テレアポはゲームである」ということを、もう少し詳しく説明しましょう。オススメなのは、「**振り返りシート**」をつくることです。左のような表をつくり、毎日の営業結果を「電話数」「アポイント数」「商談数」「受注数」に分類し、記録していきます。

そして「アポイントの振り返り」と「商談の振り返り」をしていきます。

アポイントの振り返りは、「曜日」「社名」「理由」「今後の改善策」という項目を設けます。

例えば、断られた「理由」が「ニーズがない」だったら、これはどうしようもありません。でも「ニーズはあるが、急ぎではない」だったら、先方との関係を育てていくことで、チャンスが生まれるかもしれませんよね。

理由がわかる場合は「今後の改善策」に「自分なりにわかる」と記します。自分で

テレアポ「振り返りシート」の例

【氏名　　田中太郎】

1　行動量

		月	火	水	木	金	合計
電話数	電話をした数	70件	60件	101件	120件	120件	471件
アポ数	うち、取れたアポの数	1件	1件	0件	0件	1件	3件
商談数	うち、商談した数	1件	0件	1件	0件	0件	2件
受注数	うち、受注した数	0件	0件	0件	0件	0件	0件
(アポ率)		1.4%	1.7%	0.0%	0.0%	0.8%	0.6%
(プレ率)		100.0%	0.0%	0.0%	0.0%	0.0%	66.7%
(受注率)		0.0%	0.0%	0.0%	0.0%	0.0%	0.0%

2　アポイントの振り返り（改善策）

アポイントしたものの商談出来なかった会社

曜日	社名	理由	今後の改善策 （記入は自分でわかる場合のみ）	
月	A商事	ニーズ有 (急ぎでない)	自分なりに わかる（右記）	問題点を聞くようにする

3　商談の振り返り（改善策）

商談したものの受注に至らなかった会社

曜日	社名	理想と現状のギャップ（募集中なら採用目標）	採用見込み数	理由	今後の改善策 （記入は自分でわかる場合のみ）	
月	α商事	0人	0人	ニーズ無	自分なりにわかる（右記）	テレアポ時にニーズを確認する
月	β商事	5人	3人	ニーズ有（延長施策を使う）	自分なりにわかる（右記）	拡大質問で語ってもらう

はわからない場合は、上司に聞くなどして、必ずクリアにすることが重要です。

「商談の振り返り」にも「曜日」「社名」「理由」「今後の改善策」という項目を設けます。商談に失敗した場合は、理由を自己分析し、理由がわからない場合は、上司に聞くなどしてクリアにします。

こうして振り返りをしていくと、「アポイントは取ったけれど、商談に至らなかった案件」「商談はしたけれど、受注に至らなかった案件」が明確になり、「至らなかった理由」が見える化されます。

自分では理由がわからなかった場合も、上司に相談してクリアにしていけるので、失注要因（注文が取れなかった理由、受注の機会を逃してしまった理由）や、自分が苦手なことも一つひとつ、潰していくことができます。

●「ＰＤＣＡを回すゲーム」として楽しむ

この**「振り返りシート」の目的は、「電話の数を増やすこと」ではなく「電話の数は一定のまま、それぞれの数値を上げていくこと」です**。電話数は記録していても「理由」や「今後の改善策」まで振り返っている会社は、ほとんどありません。
毎日の営業活動を振り返って失注要因を把握していくと、攻略方法がわかり、営業スキルが日ごとに上がっていきます。電話の数を増やすことなく、アポイント数・商談数・受注数もどんどん上がっていきます。

要は、テレアポを「ＰＤＣＡを回すゲーム」にしてしまうのです。ＰＤＣＡとは、Plan（計画）→Do（実行）→Check（評価）→Action（改善）です。

テレアポ大会では言葉づかいがきれいな人が優勝することが多いのですが、実はそういう人がハイパフォーマーとは限りません。テレアポは喋りが上手じゃない人でも、ＰＤＣＡをきちんと回すことで高いパフォーマンスを発揮できます。

テレアポで絶対にダメなのは、「叱られるからやる」というパターンです。残念ながらそういうケースが非常に多いのですが、企業研修でこの方法をお伝えすると、新人の方々がイキイキとしてテレアポをやり始めます。

自分でも工夫し、チームとしても工夫し、アポイント数・商談数・受注数の確率を高め、勝ち筋をつくるシミュレーションゲームにしていく。ＰＤＣＡを回すゲームにすることで成約率が上がり、ますますテレアポが面白くなります。

Point

「振り返りシート」をつくってテレアポをゲームとして楽しむ

4

契約率の高いリストを用意する方法

●「勝ち筋」を教えてもらったら、売上が12倍に増えた！

テレアポで重要なのは「勝てるリスト」に絞ることです。そうでないと、一生懸命、ひたすら電話しても、なかなか結果が出ません。

リストが良ければ、開拓数が何十倍になることもあります。

私は新人時代、最初の頃は本当に売れていませんでした。ある地域の地図を上司から渡され、とりあえずローラー、いわゆる飛び込みをしてきてくださいと言われました。なんとか頑張って1件、2件の成果は出ました。でもこれだけでは少ないわけです。自分には営業のセンスがないのかと悩みました。

そこで上司が変わりました。この上司がトップセールスだったのです。

「伊庭くん、ローラーはいいから、このリストで回ってほしい」

1週間後、驚くべきことが起こりました。

それまで1ヶ月で2件だった私が、なんと1週間で6件も受注できたのです。その差、なんと12倍です。いったい何が起こったと思いますか？

たった1週間ですから、当然、私のスキルが上がったわけではありません。

実は、その上司が、私に「勝てるリスト」を教えてくれただけなのです。

それも種明かしをされてみると、びっくりするほど簡単な方法でした。

●「1件しか決まらないリスト」と「5件が決まるリスト」

「勝ち筋」をつくる方法は、2つのことをするだけです。

1つはやはり **「契約率の高いリスト」をつくること**。もう1つは **「無駄なリストは使わない」と覚悟を決めること**。これだけです。

例えば、100件中1件しか決まらないリストと、100件中5件が決まるリストがあるとします。どちらが効率が良いと思いますか？

当然、100件中5件のリストですよね。

100件中5件が決まるリストがあるのに、100件中1件しか決まらないリストが混じっていると、契約率が下がってしまいます。ですから、後者のリストは切り捨てるのです。

たったそれだけで、売れない新人だった私でも、売上が12倍に増えました。

では、「契約率の高いリスト」は、どのようにつくったらいいのでしょうか？

私が上司から教わったテクニックを紹介します。

●契約率の高いリストのつくり方

まずは、左の図のように、さまざまなリストを「受注率」と「対象企業数」で分けるマトリクスを用意します。

それぞれの対象リストは、業種、企業規模、従業員数など、さまざまな要素のデータをもとに抽出します。

仮にすべてのリストの平均受注率が3％だとします。すると、3％より高いのは「契約率の高いリスト」ですよね。

そして、それぞれのリストを、マトリクスにプロットしていきます。その上で、マトリクスの上の部分に分類したリスト、つまり「契約率の高いリスト」だけにテレアポの対象を絞るのです。

一方、マトリクスの下の部分、契約に至る率が3％以下のリストは「テレアポをしない」と決めます。すると、何が起きると思いますか？

契約率の高い営業対象リストの分類方法

■高受注率のリストに絞った営業活動を展開

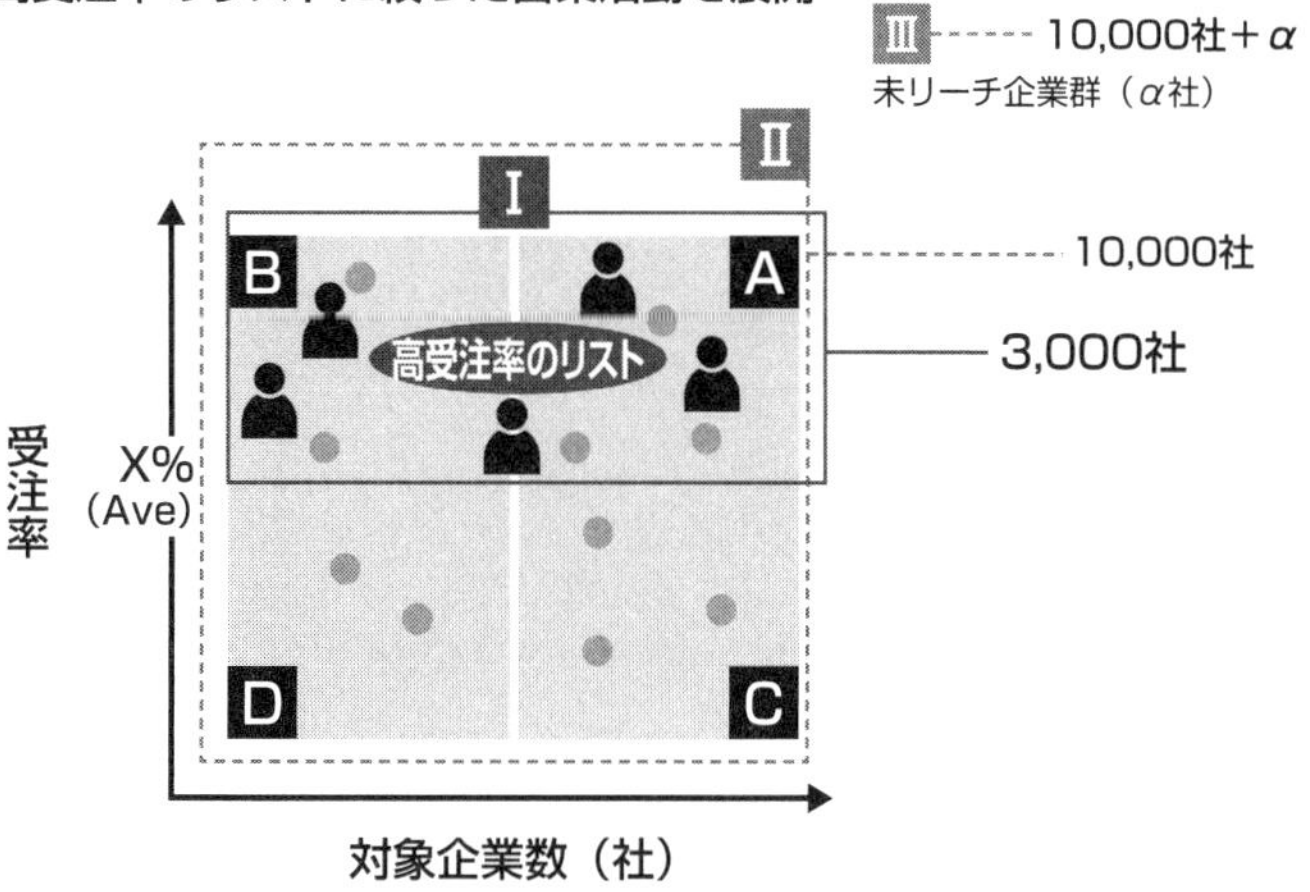

リストを絞ることで、スキルを向上させずとも、業績が飛躍的に向上！

2ヶ月後には、スキルを上げることなく2倍くらいの新規獲得数になります。

こんなに簡単な方法なのに、ほとんどの会社ではこれをやっていません。それは、営業対象リストを分類するためのデータを取っていないからです。

世帯収入、地域、世帯の平均年収、お子さんがいらっしゃる割合など、それぞれの商売に合わせて出せるデータがあるはずです。

営業対象リストから平均受注率を出して「契約率の高い営業対象」を分類してみてくださ

い。さらに対象企業数の多さと受注率の高さによって、より細かく分けてみてもいいでしょう。対象企業数が多く、受注率が高いA群から営業をかけていけば、さらに効率良く成果を出せます。

●「リーン・スタートアップ」をゲームとして楽しむ

「そんなに対象を絞ったら、営業できるところがなくなってしまいます」

そう思われる方もいらっしゃるでしょう。

でもマトリクスの下側は、電話をしたらダメなリストなのです。テレアポをするのは、リストの上だけに絞る。それが効率良く売上を伸ばす秘訣です。

「リーン・スタートアップ」という、いま流行りの言葉があります。これは「リスクのない範囲で小さく実験しよう」という考え方です。

高受注率のリストが少なかったら、リストを増やしましょう。リスクのない範囲で小さな実験をしながら、受注率の高い業界や会社を探していくのです。

もちろん実験には、失敗がつきものです。私もたくさん失敗をしました。

例えば、農家の後継者がいないと問題になっていたので、全国の農協をリストアップしてテレアポしてみたら、まったくの見当違いでした。県庁に電話したら「予算化事業だから来年来てください」と断られこともありました。

それでいいのです。**失敗したら、そこはやめて新しいリストをつくり、受注率が高いところを探していけばいい**だけです。

小さな実験をゲームとして楽しみながら、リーン・スタートアップを繰り返して、「契約率の高いリスト」を増やしていく。

私もいっぱい失敗しましたが、高受注率リストがどんどん増えていきました。ある業界はタイミングがぴたりとハマって大当たり。まさしく「入れ食い状態」になりました。実験に成功すると本当に嬉しく、最高に楽しい状態になります。

あなたもいろいろな切り口で、リーン・スタートアップを楽しんでみてください。「契約率の高いリスト」が増えれば、売上が何十倍にも増加していきます。

Point

テレアポをするのは「平均受注率」より「上」のリストに絞る

5 スクリプトに沿って電話する

●電話をする前に「スクリプト」を用意しよう

電話をしても、なかなか担当者につないでもらえない。お客様に「忙しいから」「間に合っているから」と拒否されると、言葉につまってしまう。

テレアポをしていると、こんなことはありませんか?

すべて「**スクリプト**」の問題かもしれません。

スクリプトとは、営業の「台本」です。ガチャ切りや窓口ブロックなど、いろんなパターンを想定し、こう言われたら、こう返そうと、あらかじめセリフを用意しておきます。**お客様のメリットを中心に置いて「粘り」のあるシナリオを組んでいく。これが効果的なスクリプトのつくり方です。**

テレアポは、スクリプトに沿って話すことが重要なポイントです。

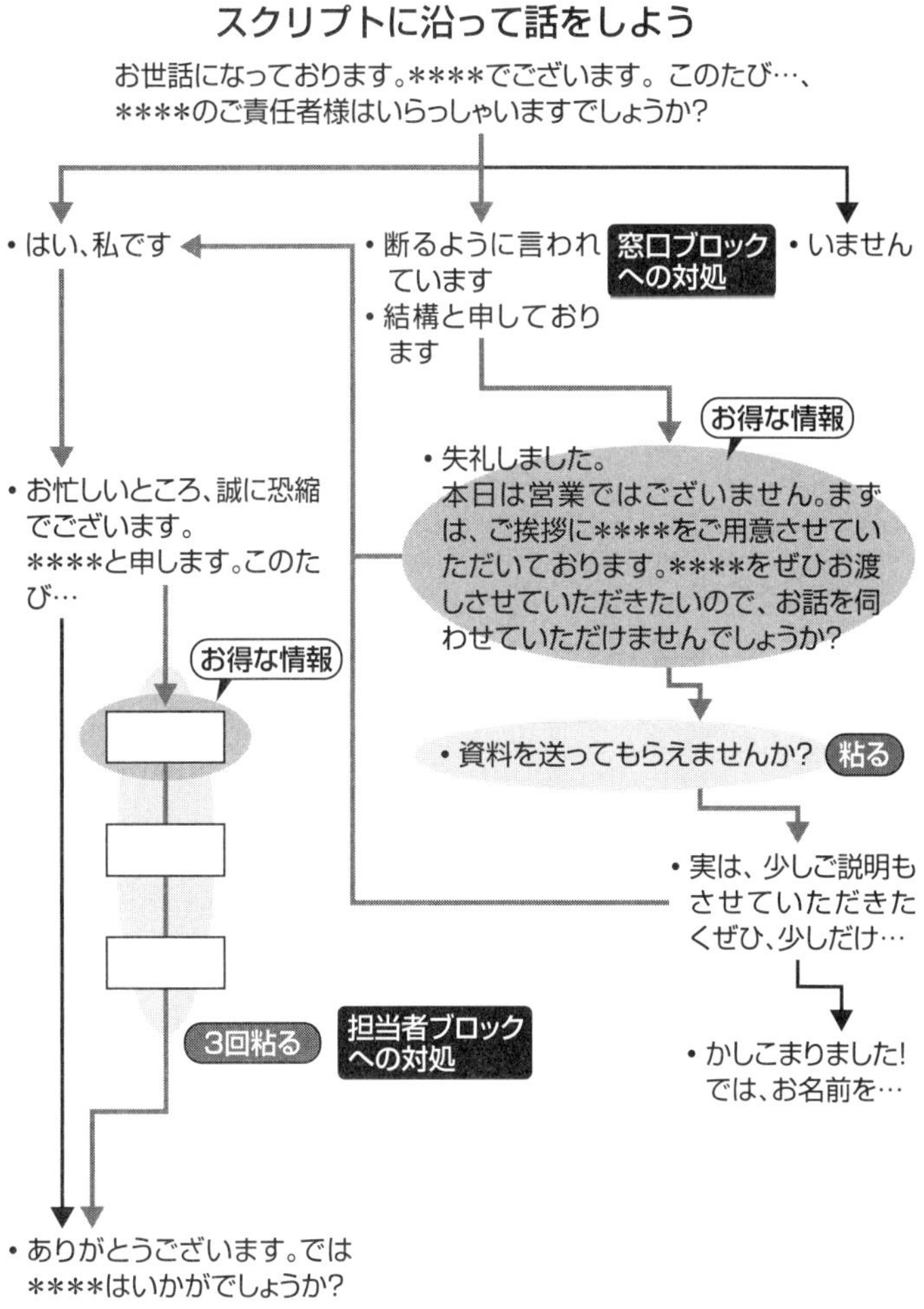
スクリプトに沿って話をしよう
お世話になっております。****でございます。このたび…、
****のご責任者様はいらっしゃいますでしょうか?
・はい、私です
・断るように言われています
・結構と申しております
窓口ブロックへの対処
・いません
・お忙しいところ、誠に恐縮でございます。
****と申します。このたび…
お得な情報
・失礼しました。
本日は営業ではございません。まずは、ご挨拶に****をご用意させていただいております。****をぜひお渡しさせていただきたいので、お話を伺わせていただけませんでしょうか?

お得な情報
・資料を送ってもらえませんか?
粘る
・実は、少しご説明もさせていただきたくぜひ、少しだけ…
3回粘る
担当者ブロックへの対処
・かしこまりました!
では、お名前を…
・ありがとうございます。では
****はいかがでしょうか?

●スクリプトがないことのデメリット

会社によってはスクリプトが用意されていない場合もあるのですが、スクリプトがないと、次の2つのデメリットがあります。

①電話の時間が長くなる

スクリプトがないと、電話の時間が長くなります。

なんとかアポイントを取ろうと必死になると、余計なことをいろいろ言ってしまいます。すると、1件あたりの電話が長くなります。

電話の時間が長くなれば、時間内にかけられる電話の数が減ります。

すると当然、アポイントも商談も契約も減ります。**テレアポで重要なのは、短時間で効率良く話すことです。それには、スクリプトが必要なのです。**

②アポイント率が下がる

もう1つのデメリットは、アポイント率が下がってしまうことです。これには、2つの理由があります。

1つは、「しつこい営業」になってしまうからです。お客様に「忙しいから」「間に合っているから」と拒否されると、あたふたしますよね。そんな状態では、うまく粘れず「しつこい営業」になりがちです。お客様に嫌われたら、アポイントが取れなくなります。

もう1つは、お客様の課題にアドリブで答えようとすると、ついつい「答え」をすべて言ってしまうからです。

電話ですべて話したら、わざわざ会ってもらう必要がなくなってしまいます。テレアポで重要なのは、答えをチラ見せして、すべてを言わないことです。**短時間で効率良くアポイントを取るには、絶妙なチラ見せのテクニックが必要になってきます**。慣れてくればアドリブでうまく話せる場合もありますが、最初は絶対にスクリプトがあったほうがいいです。

会社で用意してくれない場合は、113ページの図を参考に自分でつくりましょう。テレアポは、シナリオが何よりも重要なのです。

Point

スクリプトがあれば効率良く、シナリオに沿ったテレアポができる

6 アポが取れないときこそ本当の勝負

●「サンドイッチ方式」で攻めてみる

どんなに電話をしても、アポイントが取れない……。

テレアポをしていると、そういうときがあります。でも、アポが取れないときこそ本当の勝負です。そこから巻き返す、3つのテクニックを紹介します。

1つは、リモート営業からは外れてしまいますが、「アポイントが取れなかったら訪問せよ」です。電話してもダメだったら、訪問します。それでもダメだったら、また電話します。**電話→訪問→電話→訪問→電話と、「サンドイッチ方式」でアプローチします**。

これはトップセールスの先輩が実践していたテクニックですが、「騙《だま》されたと思ってやってみな」と言われてやってみたら、本当に成功しました。

サンドイッチ方式は、アポイントの電話を断られたら、先方が覚えているその日か、次の日に飛び込みで行ってしまうのです。会えたらOK、会えなかったら資料だけ置いて帰ってきて、また電話をする。断られたら、また行く。これを5回、繰り返します。先輩に教わったとき、私は内心「しつこいと思われないかな」と不安に思っていたのですが、とりあえずやってみることにしました。

ある自動車会社に、テレアポをしたときのことです。「君らみたいのがいっぱい電話かけてくるから、いらんねん」とハッキリ言われて、「そうでございますよね」と返事をしている最中に、ガチャッと切られてしまいました。

こういう場合、行くべきかどうか迷いますよね。でも遠い場所ではなく、行ける範囲であれば、行ってしまいます。

その日の夕方、私は自転車に乗って顔を出しに行きました。おじいさんがいたので「あの人やな」と思って話しかけたのですが、完全無視されまして、資料だけ置いて帰ってきました。そして「また来週ぐらいに電話しようかな」と思っていたら、翌朝、電話がかかってきたのです。

先方「資料を拝見しました。一度商談したいので来てください」

なんと、そうおっしゃるんですね。私はびっくりして聞き返しました。

伊庭「どうしてお電話くださったんでしょうか?」

先方「ほとんどの営業は、断ったら来ないです。あなたは来ました。内容を見たら、いいものだったんで、話だけでも聞いてみてもいいかなと思ったんです」

さらには、こんなことを言ってくださいました。

先方「あんな断り方をしても来るのは、なかなか見込みのある人だと思いました」

いかがでしょう？　この成功以来、私は何度もサンドイッチ方式をやってきましたが、こういうふうに言ってもらえるパターンがとても多かったです。

なぜなら、当たり前ですが、断る方も「人」なんですよね。

きつく断っても、それには理由があります。

でも、心のどこかでは苦しいんです。これはそこに活路を見出すテクニックです。「へこたれずに来たんだ」と思ってもらう技です。「電話→電話→電話」は、断られ続けます。「訪問→訪問→訪問」は、時間を食い過ぎです。**訪問するのであれば、「電話→訪問→電話」のサンドイッチ方式がベストです。**

●メールアドレスだけ聞き出す

2つ目のテクニックは「メールアドレスだけ聞き出す」です。

リモート営業では、電話でお客様の課題を確認し、「解決のヒントになる情報があります」とお伝えして、オンラインへ誘導します。

このときにメールアドレスさえ聞いておけば、その後も定期的にフォローすることで、またアプローチするチャンスが生まれます。

さらに、「営業メール」という裏技も使えるようになります。

お客様のメールアドレスを登録すると自動的にメールが配信され、それをあたかも自分で送っているようにすることができるツールがあるのです。

〇〇様、お世話になっております。
らしさラボの伊庭でございます。先日はありがとうございました。
いつも〇〇様からはお忙しいお時間ながら
お話を聞かせていただきまして、勉強になっております。
今回、〇〇様にご覧いただきたい資料がありました。
下記にURLを貼っておりますので、
もし良かったらご覧になられてみてください。

営業メールには、お客様に興味を持ってもらえそうな資料を複数用意し、それぞれのURLを明記しておきます。そして、お客様がクリックしたら、どの資料を見たのかがわかるように設定しておきます。

例えば、お客様が「社員の離脱予防」という資料をクリックしたのを確認したら、タイミングを見計ってさりげなく電話をかけて、このように言います。

営業「すみませんでした。こちらからメールを送ってしまいまして」

先方「いやいや」

営業「実は最近、メールでも少し紹介させていただいたように、いろいろな企業様で社員の離脱についてよく聞くことがあり、そのあたりの事情を少しご紹介させていただければと思いまして、お電話しました」

どの資料をクリックしたかで、お客様の課題はすでに把握できていますよね。それを確認してから電話をすれば、大体、話を聞いてもらえます。

●最後は「熱心トークで3回粘る」

3つ目のテクニックは、「熱心トークで3回粘る」です。

アポイントが取れないときは、簡単にあきらめてはいけません。第2章でお伝えしたように「しつこい営業」ではなく「熱心な営業」で3回粘りましょう。

「また電話したら、しつこいと思われてしまうかもしれない……」

テレアポをしていると、誰しもそんなふうに悩むものです。でも遠慮するのは、営業においてはまったくのムダでしかありません。**営業に必要なのは「遠慮」ではなく「配慮」です。**

お客様のメリットになる商品やサービス、情報提供をするのですから、自信を持って電話して「熱心な営業」で３回は粘りましょう。

遠慮は何もしないのですから評価はゼロです。でも私の「電話→訪問→電話」のように、配慮したうえでの行動なら評価してもらえたりします。

「この営業の人、こちらのことをよく考えてくれているみたいだな」

ちゃんと配慮していれば、そう思ってもらえるものです。テレアポで断られても、簡単にあきらめてはいけません。

Point

「サンドイッチ方式」「メール配信」「熱心トーク」で挽回せよ

7

テレアポをすることに誇りを持とう

●私を救ってくれたのは「正しいセオリー」

ある方が書いてらっしゃったテレアポの本に、こんな一文がありました。

「テレアポをすることに対して誇りを持ってください」

まさにその通りだと思い、ユーチューブで語ったら、テレアポをしている方々から「勇気が出ました」と大きな反響をいただきました。

テレアポをしていると、心のどこかで卑屈な気持ちになってしまうことがあるものです。お客様に対して「申し訳ないことをしている」という気持ちを押し殺してやっていたりもします。

飛び込み営業もそうです。私は「100件飛び込め」と言われて、あまりのしんどさに非常階段で立てなくなって、泣きそうになったことがありました。

会社に電話して「もう歩けません」と言おうと思ったら「伊庭、頑張れ」と言われて頑張ろうと思ったものの、この仕事は合わないと思いました。

すると今度は「テレアポをやれ」と言われて、朝から晩まで電話をかけて、断られ続けました。

夢の中でも営業をしていて、家族に「どうした?」「うなされてたよ」と言われたこともありました。そこまで追い込まれていたのです。

そんな私でも、**正しい営業のやり方を覚えたら、残業することもなくなり、40回以上も表彰され、全国1位も何回かもらいました。**

これは私の実力ではありません。

正しいセオリーをたまたま手に入れたからです。

●これほど人を幸せにする仕事はありません

あなたも今、テレアポについて悩んでいませんか?

もしそうであれば、ぜひ「**正しいセオリー**」を手に入れていただきたいのです。そのために私は、この本を書いています。

テレアポがつらくて、夜うなされていた私のような人間でも全国1位になれたりしたのです。あなたも、もっと活躍できます。

営業の仕事を20年続けて、わかったことがあります。**テレアポでも飛び込みでもリモートでも、正しくやりさえすれば、これほど感謝される仕事はありません。**考えてみてください。営業がいなければ、その人が実は必要としているものに出会えなかったかもしれないのです。

営業がいたから、それまで気づかなかったニーズに気づくことができて、助かったり、便利になったりするのです。そういうものを提供して「買ってよかった。ありがとうね」と言ってもらえる活動が営業という仕事なのです。

最初に抵抗されてしまうのは仕方のないことです。でも、これほど後から感謝される仕事はありません。本当です。

だからこそ、営業という仕事を、存分に楽しんでください。

テクニックも大切ですが、「営業を楽しむ」というマインドセットが何よりも重要です。「ありがとうね」と言われる営業を目指していきましょう。

Point

「正しいセオリー」と「営業を楽しむこと」が最大の力になる

第4章

テレアポから
リモート営業に
もっていく方法

1 共有する資料をあらかじめPC上に用意する

●テレアポからリモート営業に導いていく流れ

この章では、テレアポからリモート営業にもっていくテクニックを詳しく紹介していきましょう。リモート営業は、左の図のような流れで行います。私が研修で紹介し、実際に効果が出ている方法なので、ぜひやってみてください。

イントロ部分となる電話では、断られないために「感謝を示す」「許可をもらう」「継続性・心配りを示す」という3つのステップを踏んでいくのがポイントです。

①感謝を示す

営業「らしさラボの伊庭でございます。山田様、先日はありがとうございました。○○の件でご連絡いただきまして、感謝申し上げます」

お客様の名前がわかっている場合は、名前を呼ぶことが大切です。

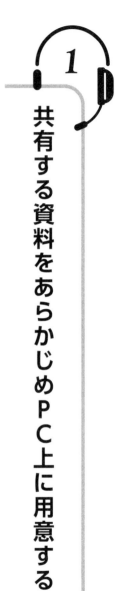

テレアポからリモート営業への流れ

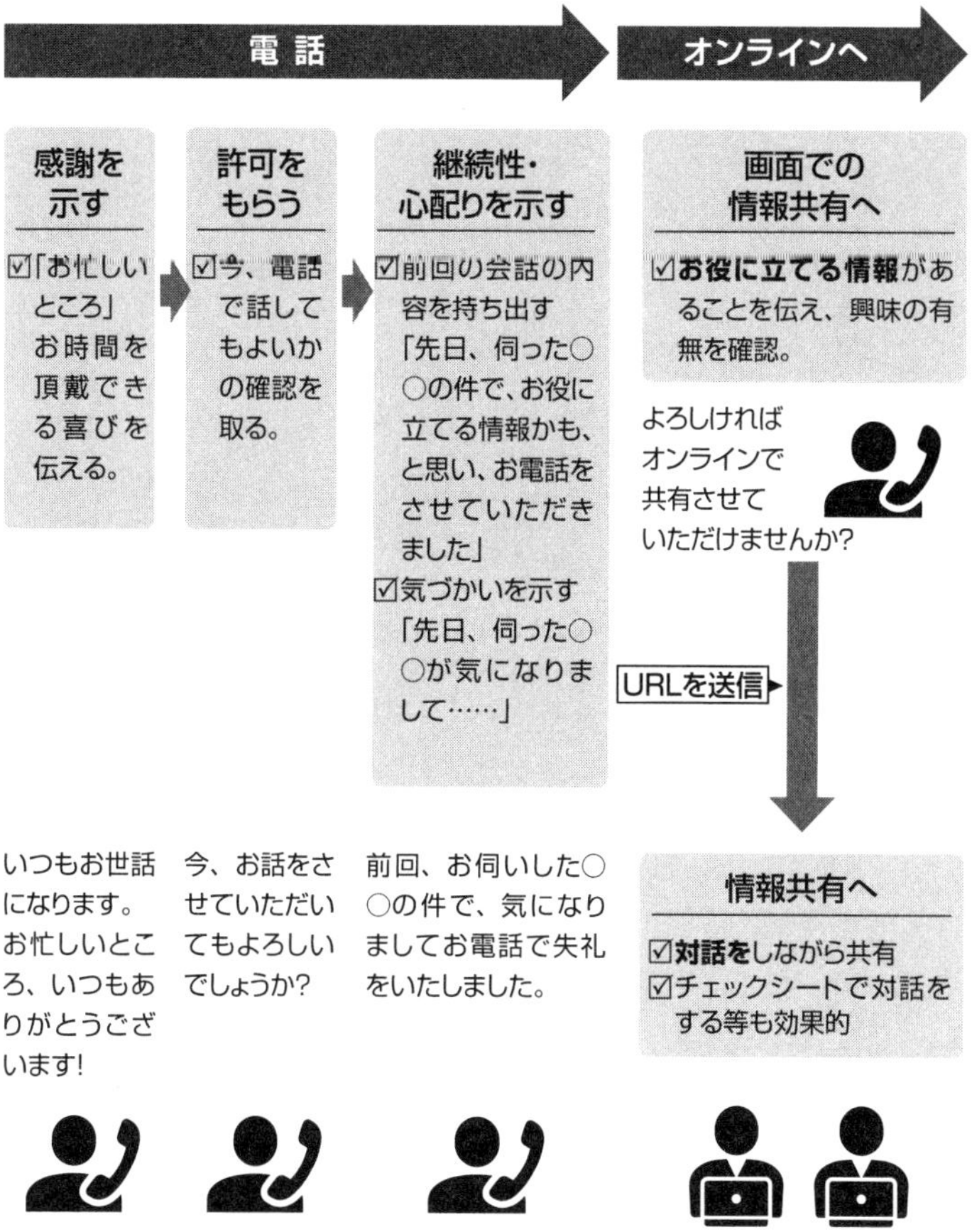
電話
オンラインへ
感謝を示す
☑「お忙しいところ」お時間を頂戴できる喜びを伝える。
許可をもらう
☑今、電話で話してもよいかの確認を取る。
継続性・心配りを示す
☑前回の会話の内容を持ち出す「先日、伺った○○の件で、お役に立てる情報かも、と思い、お電話をさせていただきました」
☑気づかいを示す「先日、伺った○○が気になりまして……」
画面での情報共有へ
☑**お役に立てる情報**があることを伝え、興味の有無を確認。
よろしければオンラインで共有させていただけませんか?
URLを送信
情報共有へ
☑**対話を**しながら共有
☑チェックシートで対話をする等も効果的
いつもお世話になります。お忙しいところ、いつもありがとうございます!
今、お話をさせていただいてもよろしいでしょうか?
前回、お伺いした○○の件で、気になりましてお電話で失礼をいたしました。

② 許可をもらう

営業「山田様にぜひお伝えしたい情報がありましたので、お話しできればと思ってお電話しました。ほんの少し、お時間よろしいですか?」

お客様にとっての「お役立ち情報」があることをお伝えします。

③ 継続性・心配りを示す

営業「ところで山田様、前回お伺いした○○の件で実際に調べてみました。詳しい情報がありましたので、ご連絡させていただきました」

初めてではない場合は、前回の話を振り返して継続性をアピールします。

営業「山田様、また緊急事態宣言が出てしまいましたね。気になっておりました。お変わりはございませんか?」

心配りを示して「この人、なんか気にかけてくれているな」と思ってもらうトークでもいいでしょう。ここからオンラインに導きます。

●オンラインへ導き、画面での情報共有へ

営業「安心いたしました。山田様、もしよろしければ、先ほどの情報をオンラインで

共有させていただければと思います。いかがでしょうか？」

先方「ああ、結構ですよ」

営業「オンラインツールは確かＺｏｏｍでしたよね？」

先方「Ｚｏｏｍです」

営業「じゃあ、Ｚｏｏｍでやりましょう。今からＵＲＬをお送りしますね」

もちろん、Ｚｏｏｍだけではなく、先方に合わせてほかのオンラインツールも使えるようにしておいたほうが、いいでしょう。「ウチの会社では、ＺｏｏｍはＮＧなのです。TeamsならＯＫなのですが」とおっしゃる方も少なくありません。

営業「どうでしょう、山田様。映りましたでしょうか？　実は先ほど申しておった資料がこれでございまして」

このようにして、ＰＣ画面で情報を共有し、資料の説明を始めます。

商談を始める前には、「提供すべき情報」をＰＣ上に用意しておきましょう。

Point

役立つ情報があることを伝え、興味の有無を確認し、画面での情報共有へ

2

契約に至りやすい「お役立ち資料」とは？

●資料のポイントは「ありがとうね、教えてくれて」

提供すべき情報とは、「契約に至りやすい資料」です。もっと簡単に言うと「ありがとうね、教えてくれて」と思ってもらえるお役立ち情報です。

例えば、求人広告の営業では、若手の定着率アップを実現するノウハウだったりします。こうした資料を画面で共有し、次のようなトークをします。

営業「ところで山田様、いかがでしょうか。最近、若手の定着率はこのような状況になっているんですけれども、山田様のところで、こういった課題への認識は高くなっているんでしょうか？」

お客様は「ないわけじゃない」と、おっしゃったりします。若手の離職に悩んでいる企業は多いので、この資料が「お役立ち情報」になるわけです。

また、定着率は良かった場合でも、次のようなトークで先方の困りごとをヒアリングすることができます。

営業「人材に関する課題は、何かほかにあったりしますでしょうか？」

先方の課題を伺うことができたら、また新たな資料をお見せしたり、別の情報を用意して、後日改めて連絡したりします。

こうして**先方に役に立つ情報を提供することによって「ありがとうね、教えてくれて」と思ってもらえる機会をつくっていきます**。

資料がなければ「ありがとうね」と思ってもらえる場面をつくれません。お役に立てる情報を提供することで先方の情報が引き出しやすくなるのです。

●何かを提供されたら、お返しをしたくなる

人間には「**返報性の法則**」というものがあります。

相手から受けた行為に対して、何かを返してあげないと居心地が悪くなる心理のことです。プレゼントをもらった相手には、お礼をしないと心苦しく思ったりしますよね。それです。

ただし、「ありがとうね、役に立ったよ」だけで終わってしまってはボランティアになってしまいます。

Win-Winになれる資料を用意する

こちらがプレゼンしやすい資料か？		○	×
お客様が欲しい情報か？	○	Win-Win（お互いにメリット）	Win-Lose（ボランティア）
	×	Lose-Win（こちらの都合）	Lose-Lose（お互いのムダ）

「契約に至りやすい資料」は、お客様が困っていることと、こちらがプレゼンしやすいものの中で、お互いにメリットがあるものにする必要があります。

プレゼンがしやすくても、こちらの都合で押し付けるような資料では、お客様の困りごとと一致しないので、契約に至りません。

プレゼンしたい商材と関係がなく、お客様の困りごとも解決しない資料を用意しても、お互いにとって時間のムダでしかありません。

お客様と自分たち、双方にとってメリットのある情報を提供し、お客様から「ありがとうね、教えてくれて」と思ってもらえる――そんなWin-Winの関係になれる資料を用意するのが、リモート営業を成功させるカギとなります。

●リモート営業を「AIDMAの法則」で解説

テレアポやリモート営業では、お客様の心理を把握することが重要になります。そこで、**「AIDMA（アイドマ）の法則」**の5つの段階を覚えておきましょう。

これはアメリカの販売・広告の実務書を執筆していたサミュエル・ローランド・ホール氏によって提唱された、消費者の購買行動を理論化した古典的な概念です。何かを購入する際、人の心理には次のような動きがあるというものです。

①Attention：営業担当者からの連絡
②Interest：情報に興味を持つ（警戒心を解く）
③Desire：もっと知りたい、欲しいという欲求
④Memory：自分の問題と結合させる
⑤Action：ヒアリング・プレゼンの合意

①「営業担当者からの連絡」と②「情報に興味を持つ（警戒心を解く）」は電話でもできますが、③「もっと知りたい、欲しいという欲求」と④「自分の問題と結合させ

Win-Winの資料を投影すると商談率がアップする

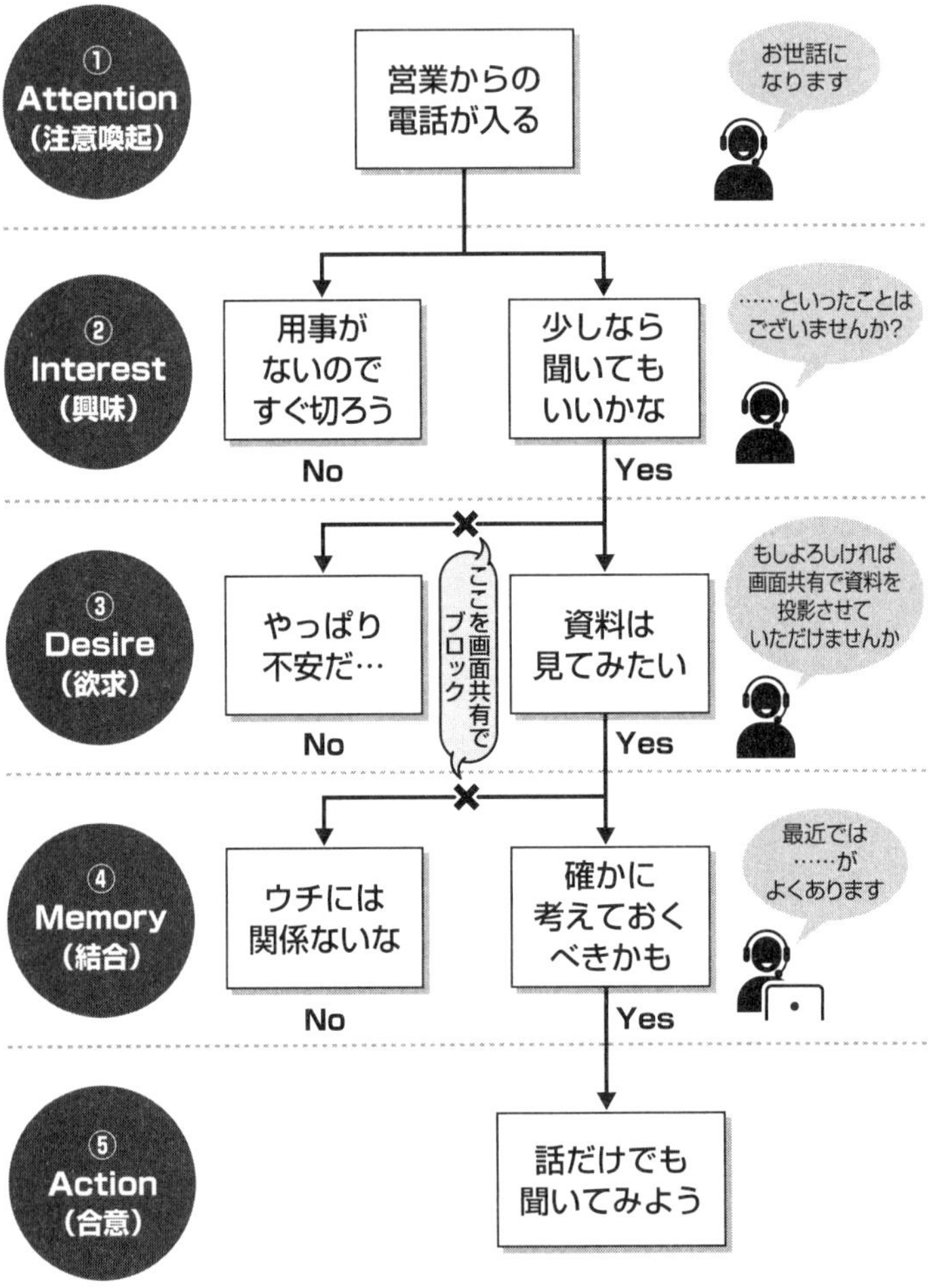

せる」は、オンラインで情報共有をしたほうが引き出しやすく、⑤「ヒアリング・プレゼンの合意」に導きやすくなります。右の図をご覧下さい。

また、③から⑤は営業担当者のスキルに左右されますが、オンラインで資料を見せることによって、スキル不足を補うというメリットもあります。

情報を提供するスタイルでリモート営業をしている人は、まだ多くはありません。お客様に提供できる資料が「商品の情報」しかない会社が多いからです。

でも商品の情報だけでは、なかなか興味を持ってもらえません。

企業研修でも「**商品紹介をする前に情報提供をしましょう**」とお伝えしているのですが、会社や業界によっては自分で情報資料をつくることが禁止されていることも少なくないようです。個人情報の漏洩《ろうえい》を防ぐために自己紹介ツールさえ禁じられている会社もあります。

リモート営業では「お役立ち情報」が極めて重要です。個人で用意できない場合は、会社と話し合って用意してもらえるように働きかけてみてください。

Point

「お返し」をしたくなるような資料をこちらが用意する

3 オンラインで使う資料は「紙芝居方式」がベスト

●資料は「ワンスライド・ワンメッセージ」の紙芝居方式にする

リモート営業で情報提供をする資料は「**ワンスライド・ワンメッセージ**」の紙芝居方式にするのがベストです。

オンラインでは、資料のつくり方も、対面型の営業とは変える必要があります。左にあるのは、対面型の資料です。これをそのまま画面共有すると、文字が小さくなってしまって、よく見えませんよね。

オンラインで資料を見せる場合は、ワンフレーズごとにバラバラに分解するのが重要なポイントです。ページをめくって138ページを見てください。同じ内容をコピー&ペーストしただけですが、随分印象が違いませんか？

こうすることで何を得られるかというと、２つの効果があるのです。

対面型の資料をオンラインで使うと読みづらくなる（例）

■ **電話、オンラインにおける対話の留意点**（非対面コミュニケーションのルール）

1　対面以上に、「ことば力」を磨く必要がある

非言語情報に頼れない電話やオンラインでは、相手への関心や共感も含め、「ことば」に頼らざるを得なくなる。ことばを正しく使えないと、距離を縮めることすら難しくなる。

2　非対面では、「パラランゲージ」を意識する必要がある

パラランゲージとは、声の強弱や高低、イントネーションのことを指す。間が少し異なるだけでも、相手の回答は変わる。成約率にも関わることも少なくない。

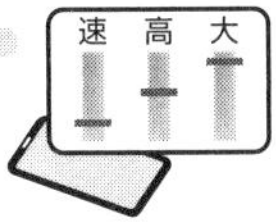

3　対面以上に、「質問力」を高める必要がある

時間の制約がある電話・オンライン営業では、短時間に「知りたい情報」を上手に引き出すスキルが不可欠となる。ニーズを創り出せる人と、ニーズを創り出せない人の差は、質問力の差にある。

①「お客様に一度に全部見てしまわれない」効果

対面型の資料は、一目でわかるように1枚にまとめておくことが大事ですが、オンラインでは、関心を惹き続けることが重要です。内容を小出しにすることで、お客様の興味が持続しやすくなるのです。

②「読みやすく、わかりやすくする」効果

通常の資料をオンラインで表示すると、思った以上に文字が小さくなってしまいます。それでは、お客様に読んでもらえません。

ノートPCの画面は小さいですし、

オンラインではワンスライド・ワンメッセージがベスト（例）

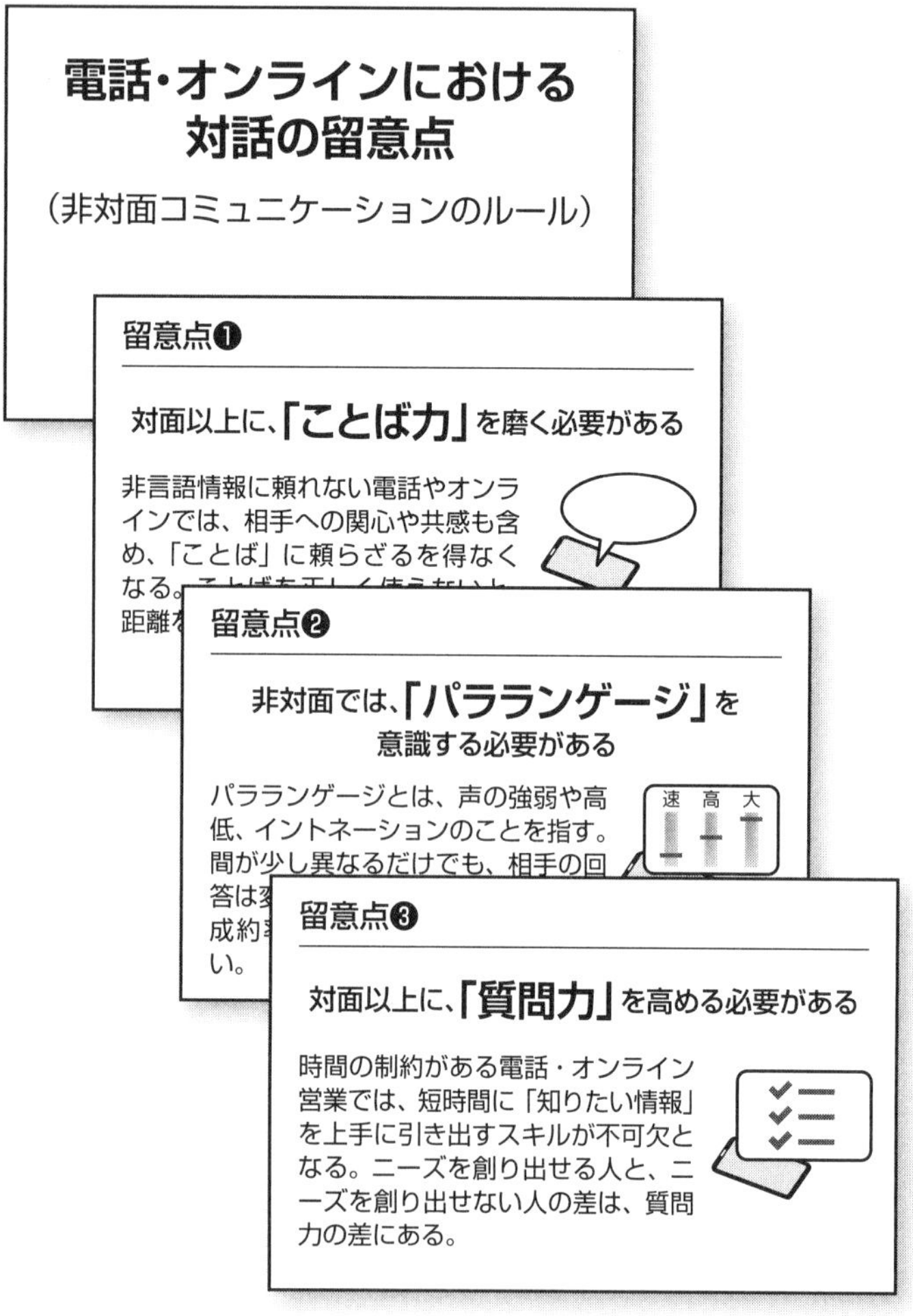
電話・オンラインにおける
対話の留意点
（非対面コミュニケーションのルール）
留意点❶
対面以上に、「ことば力」を磨く必要がある
非言語情報に頼れない電話やオンラインでは、相手への関心や共感も含め、「ことば」に頼らざるを得なくなる。
距離
留意点❷
非対面では、「パラランゲージ」を意識する必要がある
パラランゲージとは、声の強弱や高低、イントネーションのことを指す。間が少し異なるだけでも、相手の回
答は
成約
い。
速
高
大
留意点❸
対面以上に、「質問力」を高める必要がある
時間の制約がある電話・オンライン営業では、短時間に「知りたい情報」を上手に引き出すスキルが不可欠となる。ニーズを創り出せる人と、ニーズを創り出せない人の差は、質問力の差にある。

お客様によってはスマホでオンライン通話をしている場合もあるかもしれません。リモート営業では、先方の画面が小さい場合のことも想定しておく必要があります。

資料をワンフレーズごとに分割して、紙芝居のようにすれば、文字を大きくできるので、読んでもらいやすくなります。

また、資料をワンフレーズごとにまとめると、話し方のテンポも良くなるので、プレゼンも上手に聞こえます。

資料をつくり替えることができるのなら、オンラインの資料は「ワンスライド・ワンメッセージ」の紙芝居方式にしましょう。

●資料作成では、数字の「3」を意識する

資料を作成するときは、数字の「3」を意識しましょう。

「3」は、マジックナンバーと言われている数字です。例えば、「世界三大絶景」「和洋中」「早い・安い・うまい」、どれも「3」がポイントになっていますよね。「3」は人間のキャパシティ的に覚えやすい数字なのです。

プレゼンや商談でも**「ポイントは3つです」「3つの理由があります」**などと要点を**3つに絞ると、説得力が増し、伝わりやすくなります。**

“3”を意識してポイントを説明する

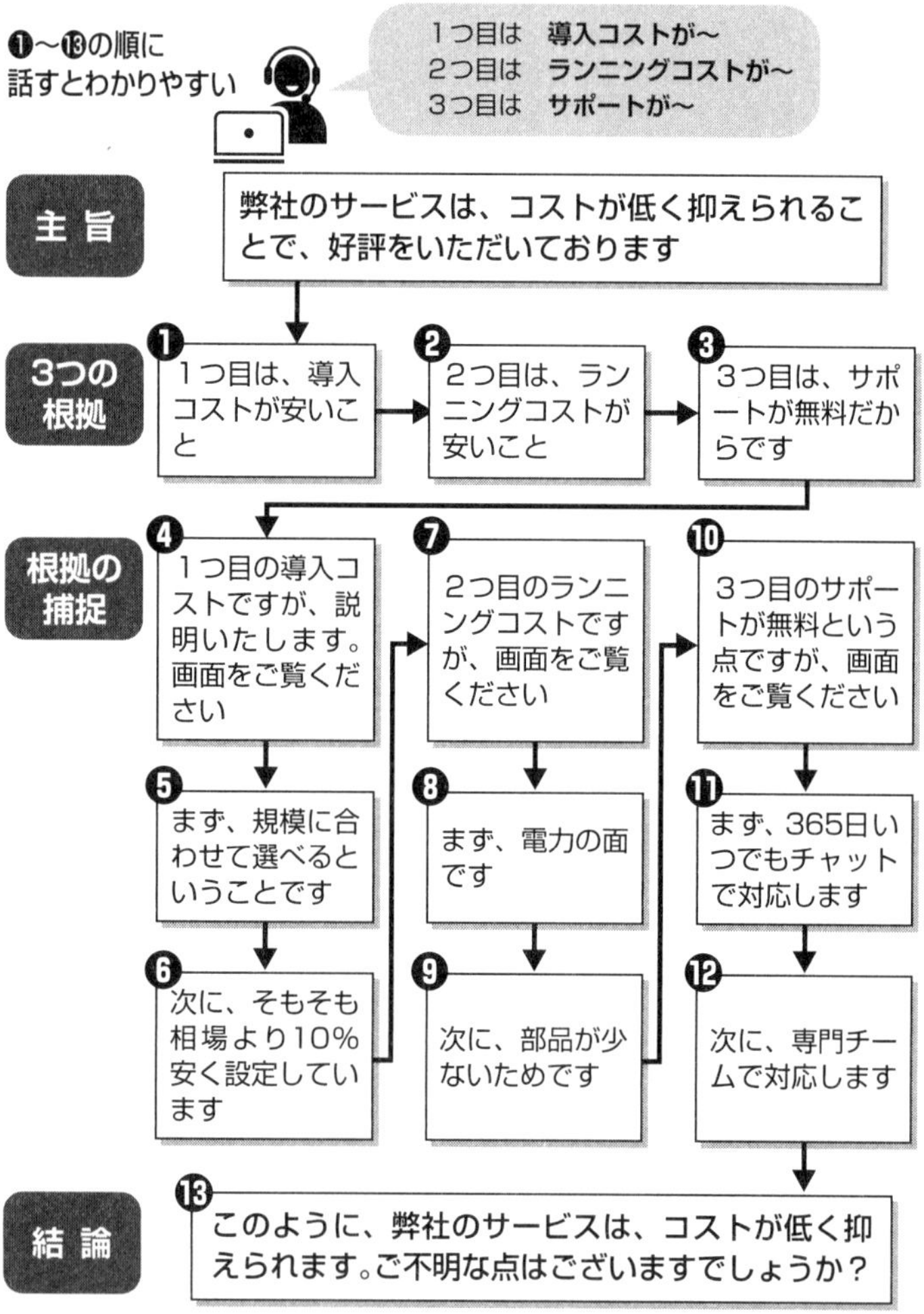

❶〜⓭の順に話すとわかりやすい
1つ目は　導入コストが〜
2つ目は　ランニングコストが〜
3つ目は　サポートが〜
主旨
弊社のサービスは、コストが低く抑えられることで、好評をいただいております
3つの根拠
❶ 1つ目は、導入コストが安いこと
❷ 2つ目は、ランニングコストが安いこと
❸ 3つ目は、サポートが無料だからです
根拠の捕捉
❹ 1つ目の導入コストですが、説明いたします。画面をご覧ください
❺ まず、規模に合わせて選べるということです
❻ 次に、そもそも相場より10%安く設定しています
❼ 2つ目のランニングコストですが、画面をご覧ください
❽ まず、電力の面です
❾ 次に、部品が少ないためです
❿ 3つ目のサポートが無料という点ですが、画面をご覧ください
⓫ まず、365日いつでもチャットで対応します
⓬ 次に、専門チームで対応します
結論
⓭ このように、弊社のサービスは、コストが低く抑えられます。ご不明な点はございますでしょうか？

営業「リモート営業をオススメする理由は、3つあります。1つは、感染リスクの警戒から対面での商談を断られやすいからです。2つ目は、在宅勤務や時差出勤のため、担当者が会社にいないからです。そして3つ目は、残業が厳禁になったので、会うだけの訪問は拒否されてしまうからです」

これが4つも5つもあると、なかなか覚えられませんよね。2つでもいいのですが、ちょっと心許ないです。

3つだと収まりがいいという、何となくの安心感ですが、ポイントを3つ用意しておくのが資料作成やプレゼンにおける隠れテクニックです。

Point

資料は「紙芝居方式」で作成し、マジックナンバー「3」を意識する

4 チェック項目を用意すると商談率は2倍になる

●チェックシートがあると、効果的なヒアリングの導入になる

資料の最後に、アンケートやチェックシートをつけておくと、効果的なヒアリングの導入になります。

例えば、情報の説明が終わった後に**「YES・NO」方式のアンケートを入れておいて「もしよろしければ、今までのところで課題がないかチェックしておきませんか?」と、口頭で質問していく**のです。

営業「電話やオンラインの営業で悩んでいる方はいらっしゃいますか?」
先方「いるいる、YES」
営業「営業さんは、非対面営業のノウハウを理解していらっしゃいますか?」
先方「これはしてないな。NO」
営業「ありがとうございます。もしよろしければ、今お答えいただいた内容を解消で

きる情報がございます。お話しさせていただくのはいかがでしょうか?」

こんな流れにすると、一気に商談に持ち込みやすくなります。

お客様が自分たちのニーズに気づいていないことはよくあります。「YES・NO」で答えていくなかで「これはできていない」「これは必要」と気づいたら、放ってはおけません。「情報があるのなら教えてよ」となります。

チェックシートをつけることで「AIDMAの法則」(133ページ)の③「もっと知りたい、欲しいという欲求」→④「自分の問題と結合させる」→⑤「ヒアリング・プレゼンの合意」という流れにもっていきやすくなるのです。

アンケートを入れることで、商談に至る確率が2倍に増えた会社もあります。しかも、「ニーズがない」と言われたところからの商談が増えています。

営業力にあまり自信がない方や、お客様があまり話してくださらない場合は、アンケートがあると時間短縮にもなります。資料の最後にアンケートやチェックシートをつけて、お客様のニーズを喚起し商談へと話を進めましょう。

Point

アンケートでお客様が気づいていないニーズを引き出す

5 訪問する場合でも画面共有で「プレ商談」をする

●実際に訪問する場合は、その前に本題に少しだけ触れておく

テレアポからリモート営業にもっていく方法を説明してきましたが、**訪問したい場合でも、オンラインで事前に少しだけ話してから行くのがオススメです。**

オンラインで話すべきことは、「ブレ」がないかの確認です。

わざわざ訪問してプレゼンをした後で「いや、実は必要ないんですよ」となるのは怖いので、あらかじめお客様の意向を、オンラインで次のように確認しておきます。

営業「いかがでしょう、山田様のところで面接についての課題というのは、何かありますでしょうか？」

先方「面接の仕方が、ちょっとわからないんだよね」

営業「面接の仕方ですね。ほかにもございますか？」

先方「面接率も悪いね」

営業「そういうことでしたら、面接の詳しい資料がございます。その方向でお話しさせていただいてもよろしいでしょうか。この資料をご覧いただけますか」

画面共有で資料の説明をした後、このようにお伝えします。

営業「山田様、もしよろしければ、今週一度お伺いして、もう少し詳しいお話しをさせていただくのはいかがでしょうか。そのうえで弊社のサービスについてもお話させていただければと思っております」

先方「いいですよ」

このようにして商談に持っていきたい商材についても少しでも触れておいたほうが、訪問してからのブレがなくなります。

話によっては「自分の手には負えない」という担当者の方もいます。その場合は、当日、別の方にも商談に入ってもらう必要もあります。

アポを取る前に画面共有で「プレ商談」をしておくと、訪問しても無駄足になりません。オンラインには、このような活用の仕方もあるのです。

ただし、訪問営業をしたい場合には、オンラインですべて話してしまうと「来なくていいよ」と言われてしまいます。情報は、あくまでも「チラ見せ」にするのが大事なポイントです。

●バンドワゴン効果を応用する

また、実際に訪問したい場合、お客様に関心を持ってもらえなければ、商談に進めません。そういうときに使える便利なテクニックを紹介します。

アメリカの経済学者、ハーヴェイ・ライベンシュタイン氏が1950年に提唱した「**バンドワゴン効果**」という行動心理学があります。

人間は多くの人々が支持するものがあると無視できない、という考え方です。「話題作だから見たい」「みんなが持っているから欲しい」という、あの感覚です。要は、**世間の流行や周りの評判を判断材料にする**ことですね。

この効果を情報提供のための資料やプレゼンテーションに取り入れると、お客様の関心を高めやすくなります。

営業「コロナ禍で、今やどの会社さんもリモート営業に変わってきています」

先方「えっ、どの会社も?」

営業「はい。大手商社さんや大手メガバンクさんですら、リモート営業が当たり前になっています。社長のところであれば、十分にその素地はできているんじゃないかと思います。そこであえてお伺いしますが、リモート営業に対して、ご関心とか課題などは、お持ちだったりしますか？」

ここでバンドワゴン効果が働くと「大手もやってるんだ」「みんなやってるんだ」と思うので「ないわけじゃない」という返答になりやすいです。

ただし、この流れにもっていくためには、**あらかじめ世間や多くの人々に支持されている有名な事例を用意しておく**必要があります。

また、このときに少しコツがいるのは、どんなに有名でも、あまりにもかけ離れた事例では興味を引けません。例えば「アメリカのグーグルでは、こんなことをやってまして……」と説明しても「いや、うちは町工場だし」となってしまったりします。町工場だったら、その業界で名前が知られているぐらいの会社の名前を出すなど、お客様の規模感に合わせることも重要です。

訪問したい場合は、「ＡＩＤＭＡの法則」（133ページ）の③「もっと知りたい、欲しいという欲求」と④「自分の問題と結合させる」の流れを意識して、お客様の「実際に会って詳しく話を聞きたい」という気持ちを高める工夫をしましょう。

Point

訪問につなげるプレ商談では、先方の関心を高めることが重要

6 Webセミナーを活用する

●Webセミナーは「定期的な接触」に絶大な効果

リモート営業では、「電話→オンライン」で情報提供した後もアプローチを続け、お客様との関係を育てていくのが重要なポイントです。

そこでぜひ注目していただきたいのは、Webセミナーの活用です。Webセミナーとは、オンラインで行う勉強会のことです。

お客様と継続的に接触していくといっても「その後が気になりまして……」と繰り返すだけでは、さすがに言うことがなくなってきてしまいますよね。

そこで、こんなアプローチをするのです。

「今度、弊社のお客様限定でオンライン勉強会をさせていただきます。無料ですので、もし良かったらご視聴されませんか？」

Webセミナーにお誘いすれば、お客様に負担をかけることなく、無理なく何度でも継続的な接触が可能になります。

勉強会といっても、お客様はＰＣやスマホで映像を見るだけです。自分の顔を投影する必要もありませんし、つまらなかったら見るのをやめればいいのです。

Ｗｅｂセミナーは誰でも気軽に視聴できるので、リアルな対面はもちろん、オンラインで対話することよりも、はるかにハードルが低いです。

ＢtoＢでもＢtoＣでも、Ｗｅｂセミナーに対する障壁は非常に低いです。「一度見てみます」という反応がほとんどです。

「オンラインの勉強会をやりますので、もし良かったら参加されませんか？」

Ｗｅｂセミナーを開催すれば、電話でもメールでも連絡がしやすくなります。

●アンケートを取って、営業をかける

もちろん単に見ていただくだけでは、商談には結びつきません。

多くの場合、Ｗｅｂセミナーの最後にはアンケートがあります。満足度や疑問点、さらには「もう少し詳しい話を聞きたい」という質問項目があったりします。

欲しい情報はこれです。**「もう少し詳しい話を聞きたい」にチェックを入れた方に、営業をかける**のです。この場合は、お客様も興味を持っているわけですから、堂々と

「熱心な営業」を展開できます。

逆に「特に来てもらいたくない」という質問項目も設けておきます。そこにチェックを入れている方には、営業をかけません。

つまり、**Ｗｅｂセミナーを開催してアンケートを取ることで、営業をかけるべき人と、そうでない人を明確に見極めることができる**のです。

お客様の意向をあらかじめ確認できていれば、見込みのないテレアポをすることもなく、「勝ち筋」を沿った効率的な営業ができますよね。

世の中がオンライン化したことで何が良くなったかというと、こうした勉強会が無料でできるようになったことです。

今までだったら会場や機材を用意して人を配置する必要もありました。そんな大がかりだったものが、今やパソコン1台でサクッとできてしまうのです。

Ｗｅｂセミナーは、これほど革命的でありながら、やっている会社はまだ多くありません。私は絶対にやるべきだと思います。

●Ｗｅｂセミナーを多くの人に見てもらうコツ

Ｗｅｂセミナーは、大体二部構成になっていて、一部は講演やパネルディスカッション、二部は商品案内というプログラムが一般的です。

講演やディスカッションをする人は、有名なゲストスピーカーじゃなくても、まったく問題ありません。社内のAI専門家でも、コロナ対策研究家でも、若者カルチャー専門家でもいいのです。私も、営業リーダーシップ、タイムマネジメントの専門家としてお誘いいただくことがあります。

お金に余裕があれば、ビジネス書の著者やヒット商品を生み出した人などに声をかけるテクニックもありますが、何かの分野に詳しい人の話であれば、聞いてみたい人はたくさんいます。

なにより参加は無料ですから、見るほうも気楽に参加できます。

商品の案内だけでは見てもらうのは難しいですが、講演やディスカッションをすることによって、新規の顧客に出会えるチャンスが広がります。

二部に分けると一部だけを見て途中で離脱する人も多そうなものですが、意外なほど、二部になっても視聴者は残ります。

時間は、休憩を挟んで1時間ぐらいが一般的です。2時間になるとちょっとヘビーになるので、長くても1時間半ぐらいでしょう。

営業担当者が1人で開催するのはさすがに負担が多いので、チームでやってみてはいかがでしょうか？　会社全体でやると大げさになってしまうので、チームぐらいの規模でやるのがちょうどいいと思います。

数年前までは、お客様を招いて勉強会を開こうにも、場所がないとか、面倒だとかいった障壁がたくさんありました。

今はノウハウがなくても、Ｚｏｏｍなどのオンラインツールを使えば、簡単にできてしまいます。ぜひ社内で提案してみてください。

Ｗｅｂセミナーは、リモート営業を成功させる強力な武器になります。

Point

オンライン勉強会を開催して、お客様との接触機会を増やしていく

第5章

リモート環境でも使える営業テクニック

1 商談の基本は「ラポール」→「ヒアリング」→「プレゼン」→「クロージング」

●リモート営業と訪問営業は、流れが微妙に違う

リモート営業と電話営業、対面営業は、どれも基本は一緒ですが、商談の流れは微妙に異なります。その違いを確認しておきましょう。

一般的に、商談の流れは、**「ラポール（警戒心を解く）」→「ヒアリング（問題を確認する）」→「プレゼン（解決策を示す）」→「クロージング（決断を促す）」**という4つのステップが基本になります。

電話営業の場合は、「ラポール」→「ヒアリング」→「プレゼン」→「クロージング」、この流れをすべて電話でやってしまいます。

ただ、いきなり電話をかけて話をするわけですから、最初に「アプローチ（感謝を示す、許可をもらう）」というステップが必要になってきます。

アプローチ（感謝を示す、許可をもらう）→ラポール（警戒心を解く）という流れ

商談の手順

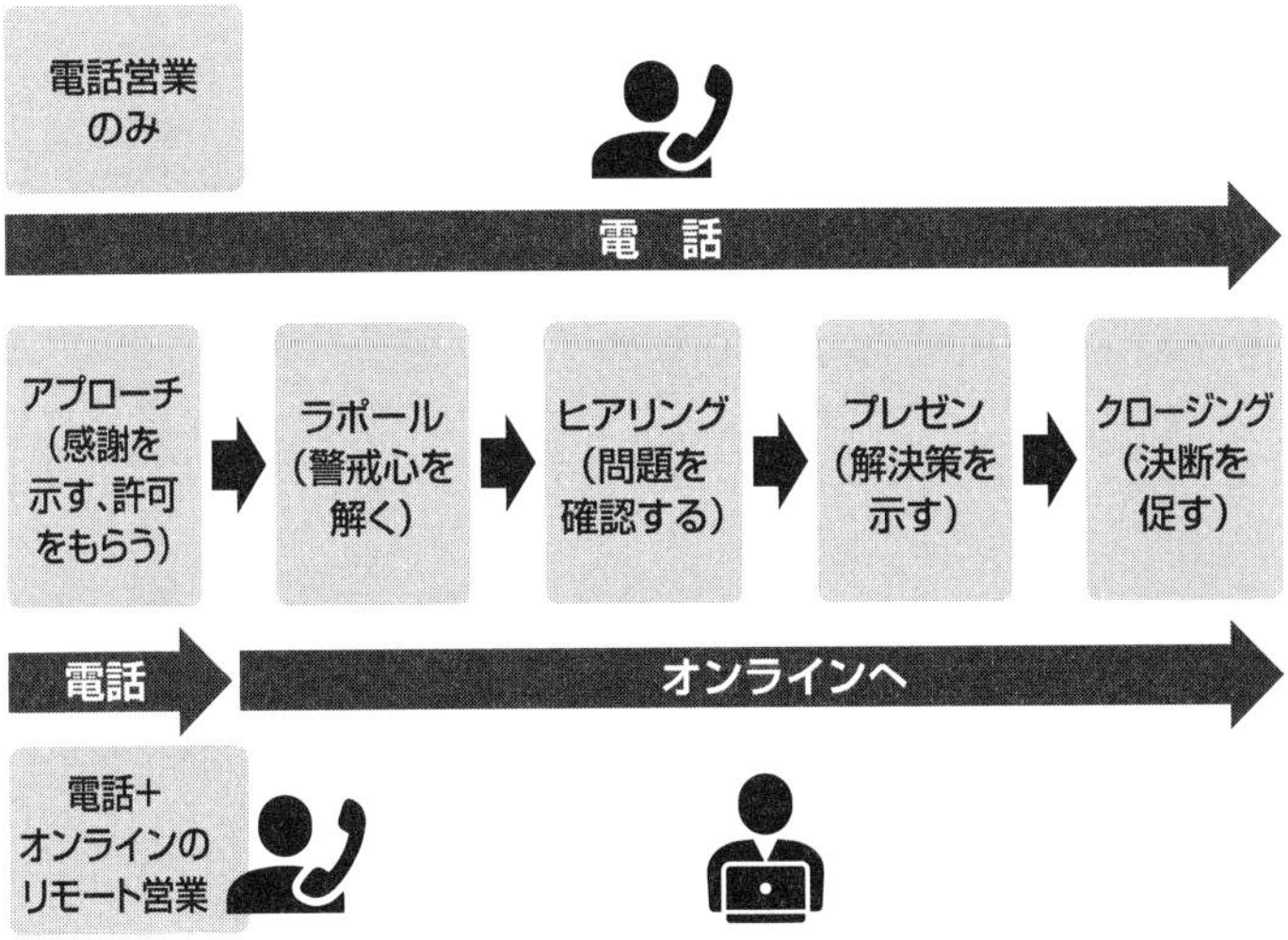

です。リモート営業も同様です。

　リモート営業の場合は、「ラポール」からオンラインでの情報共有の提案に入ります。お役に立てる情報があることを伝え、興味の有無を確認します。先方の了承を得たら、ＵＲＬを送って、画面での情報共有を行います。

　そのうえで「プレゼン（解決策を示す）」→「クロージング（決断を促す）」という流れにもっていきます。

　かつてのテレアポは、電話→アポイント→訪問という流れだったので、「アプローチ」と「ラポール」は別の日に行っていましたが、オンラインが使えるようになった今は、この2つをワンセットにできます。

●絶対に守るべき営業の鉄則

①アプローチ→②ラポール→③ヒアリング→④プレゼン→⑤クロージング、この流れは絶対に崩せない営業の鉄則です。

中には「俺はクロージングから入るタイプなんですよ」とか「私はプレゼンから入るんです」という方もいらっしゃいますが、ヒアリングをしないで商品案内をしても、お客様の課題を解決することはできません。

トップセールスは、「売り込む」のではなく「問題解決」をすることを必ず意識しています。アプローチ→ラポール→ヒアリング→プレゼン→クロージング、この流れは一方通行なのだと覚えておいてください。

また、商材にもよりますが、アプローチからクロージングまでの流れは、同時に行ったほうがいいと言われています。要は「即決」ですね。

ただ、前述したように「即決神話」はすでに終焉を迎えています。

オンラインを活用して、アプローチ→ラポール→ヒアリング→プレゼンのプロセスを丁寧に行って、リードを育てながら、クロージングにもっていく。

あるいは、定期的にオンラインミーティングやWebセミナーを開催して、お客様との関係を深め、LTV（顧客生涯価値）を最大化していく。

これがコロナ禍以降の営業において求められている新しいスタイルです。ただし、基本的な流れは変わりません。

絶対的な営業のセオリーを守ることは、常に意識しておいてください。

この章では、「ラポール」「ヒアリング」「プレゼン」「クロージング」それぞれの場面で有効な営業テクニックを解説していきます。

Point

リモート営業においても、営業のセオリーは変わらない

2 まずは共感して相手の警戒心を解こう

●聞き上手になる3つのテクニック

「ラポール（警戒心を解く）」と「ヒアリング（問題を確認する）」で大事なポイントになるのは、**相手に共感してもらうこと**です。

ここで必要なのは、傾聴のテクニックです。お客様が言いにくいことでも話しやすい人になる、聞き上手になるための3つのコツを紹介します。

①お客様の言葉を反復し、感情に同意する

相槌《あいづち》は、「はい」か「そうなんですね」もしくは「そうだったのですね」がベストです。「ええ」や「そうですよね」は、対等の立場のように聞こえてしまうので、初対面では避けましょう。

大事なポイントは、お客様の言葉を反復すること。そして、お客様の感情に同意す

ることです。それによって、お客様への共感を示します。

「はい、楽しみでございますね」

「そうなんですね、寂しくなりますね」

「そうだったのですね。お察しいたします」

お客様の言葉を要約し、反復し、感情に同意します。**自分の意見を挟むのは、NGです**。なぜなら、お客様は警戒心でいっぱいだからです。

相手の立場を想像してみてください。いきなりかかってきた営業電話を、快く思うわけがありません。一瞬で距離を縮めないとガチャッと切られてしまいます。

まずは「自分の気持ちをわかってくれる人」であることをアピールし、お客様に安心してもらうことが非常に重要なポイントです。

②クッション言葉を使う

電話は、相手の表情が見えないので問いつめるような口調に聞こえがちです。込み入った質問をするときや質問を重ねる場合は「**クッション言葉**」を使うと、柔らかく聞こえて自然な流れになります。例えばこんなフレーズです。

「差し支えなければ……」

「勉強の意味で……」

「もし、あるとしたら……」

クッション言葉を使うと、聞きにくい質問でも聞きやすくなります。クッション言葉をつけた場合と、そうでない場合を比較してみましょう。

営業❶「お客様、お伺いしてもよろしいでしょうか？」

営業❷「お客様、差し支えなければ、お伺いしてもよろしいでしょうか？」

いかがでしょう？　❷のほうが柔らかく聞こえますよね。

特に若手の人は、クッション言葉が少ないためにテレアポがうまくいっていないケースが多くあります。クッション言葉を使えば、会話の単調さを防ぎ、お客様との関係も深めやすくなります。

③ 拡大質問

お客様はなかなか自分のことは話してくれないものです。何か話すとモノを売りつけられてしまうと、非常に警戒されています。

警戒心を解いて、お客様の課題を確認するためには「**拡大質問**」が有効です。質問には、大きく分けると「限定質問」と「拡大質問」の2種類があります。

限定質問とは「ご存知でしょうか?」「何名でしょうか?」「どなたでしょうか?」「いつでしょうか?」といった、簡単な単語や「YES・NO」だけで手短に回答できる質問です。一方、拡大質問とは、お客様がどう考えているかなど、自発的な発言を促す質問のことです。

お客様のことをもっとよく知るためには、考え方や背景を自由に語ってもらう必要があります。そこで活用したいのが、拡大質問です。

「どうして○○なのでしょう?」
「どんな○○でしょうか?」
「どのように○○されているのでしょうか?」
「どうして」「どんな」「どのように」。拡大質問は、「**3つの『ど』**」と覚えておきましょう。「なぜ」は問いつめているように聞こえるのでNGです。

これらの言葉を使うことで、「ラポール（警戒心を解く）」→「ヒアリング（問題を確認する）」の流れがスムーズにできるようになります。

Point
傾聴で警戒心を解くと、お客様の課題を確認しやすくなる

3 「間に合っている」と言われたら「万全ですか？」で切り返す

●「間に合っている」を突破するキラークエスチョン

「ラポール（警戒心を解く）」→「ヒアリング（問題を確認する）」と進め、いよいよ「プレゼン（解決策を示す）」となり、意気込んで商品を案内すると……、「間に合っているから」

と、さえぎられてしまう。テレアポの場合、99％がこの一言で断られてしまうといっても過言ではないでしょう。電話をかけた瞬間に、言われてしまうことも珍しくありません。

でも実は、この言葉を覆すことができるキラークエスチョンがあるのです。

営業「今回の採用に向けて、何か我々のほうでお話しさせていただけることはないかと思いまして、お電話させていただきました」

先方「いや、間に合っているから」

営業「そうでございましたか。大変失礼をいたしました。差し支えなければ、どういったことなのか教えていただけませんでしょうか」

先方「いつも決まった業者さんにお願いしているので、営業されても困るんですよ」

営業「そうだったのですね。大変申し訳ございませんでした。勉強の意味で、1つお伺いしてもよろしいでしょうか。ということは、今回採用されるうえで何のご不安もなく、……万全……ということでいらっしゃいますでしょうか?」

「万全ですか?」――この一言で会話の流れを一気に変えることができます。

「万全ですか?」と聞かれて「万全です」と答える人は、なかなかいません。会話の流れは、次のように変わっていきます。

先方「いやいや、別に万全ではないよ」

営業「そうでございましたか。そうとは知らず、大変申しわけございません。差し支えなければ、その理由を聞かせていただいてもよろしいでしょうか?」

先方「まあ、半分くらいは面接に来ないからね」

営業「そうでございますか。どうして来られないのでしょうか?」

「万全ですか?」で流れを変えて、拡大質問で根掘り葉掘り聞いていきます。

そして先方の課題を確認できたら、提供できる資料があることをお伝えして「オンラインで画面共有して情報提供」という流れにもっていくのです。

●お客様の「ペインポイント」とは?

お客様が困っていること、不安、不満に思っていることを「**ペインポイント**」といいます。「ペイン」＝「痛み」のポイントですね。

「万全ですか?」は、ペインポイントを聞き出すための質問です。

リモート営業では、ペインポイントを確認できたら、オンラインでの情報提供をしやすくなります。

通常のテレアポでも「もし差し支えなければ、資料をお届けにあがってもよろしいでしょうか?」と訪問につなげることができます。

営業では、お客様のペインポイントを知ることで話が展開しやすくなるのです。

ペインポイントは、あらかじめ予想できます。

前述（71ページ）したように、アルバイト・パート採用の面接に半分しか応募者が来ないのは、求人営業にとっては常識です。だからこそ、事前に面接に関する資料を用意しておくのです。

あなたの業界でも、事前に予測できるペインポイントがあるはずです。

それを解決できる情報を用意しておけば、「間に合っているから」と言われても「万全ですか？」で切り返して、お役立ち資料で壁を突破できます。

ほとんどの人は「間に合っているから」と言われたときに、ペインポイントを確認することなく「１分だけでもお話を聞いていただけないでしょうか」と食い下がってしまうので、「しつこい営業」になりがちです。

あらかじめペインポイントを知っておけば、ガチャ切りはなくなります。

ペインポイントを知ったうえで「万全ですか？」で切り返せば、アポイント率が２～３倍に増えます。

「間に合っているから」は、このテクニックで突破しましょう。

Point

ペインポイントを把握していれば「間に合っているから」は突破できる

4

顧客は決して本当のニーズを言わない

●ニーズは「気づくもの」

商談の流れで最も重要なステップは「ヒアリング（問題を確認する）」です。商談に成功しなかったとき、多くの人は「ニーズがなかった」と口にします。でも、そこに違和感を持ってほしいのです。

ニーズとは、「あるもの」ではなく「気づくもの」だからです。

お客様は、ニーズを口にしないわけではありません。ニーズがないわけでもありません。ほとんどの場合、自分自身でも気づいていないのです。

ヒアリングの目的は、お客様が自覚していなかったニーズや、ペインポイント（困りごと、不安・不満・不便）に気づいてもらうことです。

それを引き出すテクニックが「拡大質問」です。お客様のペインポイントを確認できたら、さらにこのように質問を重ねていきます。

「そうなんですね。どうしてそういうことが起こってしまうのでしょうか?」

「現場の方は、どんなことをおっしゃっていたのですか?」

「どのようになるのが一番よろしいのでしょうか?」

わかっていることであっても、知らないフリをして話を聞いていきます。

なぜかというと、質問に答えながらお客様が話していくことで、お客様自身が潜在的なニーズに自ら気づいていくからです。

「ああ、言われてみればそうだな」「困ったな」「何とかしなきゃな」と、お客様がニーズに気づいたら、ヒアリングは終了です。

商談の次のステップ「プレゼン(解決策を示す)」に移行します。

●問題を放置したら、どんな悪影響が出るのか?

もし「今は問題ないかな」と言われたときは「万全ですか?」を使います。
営業「大変失礼いたしました。教えていただきありがとうございます。ということは○○についてまったくご不安はなく、万全、ということでしょうか?」
先方「いやいや、そういうことはないよ」
お客様がこのように返答したら、また拡大質問で掘り下げていきます。ただし、「万全ですか？」が通じないお客様も、中にはいらっしゃいます。

先方「まあ大丈夫かな」

このような回答も当然あり得ます。お客様が「不安も不満もない」と答えられた場合は、次のように展開します。

営業「そうだったんですね。ほかの企業様からよくお伺いするのですが、○○の点についてご関心はないでしょうか？」

先方「ああ、それはないわけじゃないな」

このように**「仮説」を投げかけていくテクニック**があります。そして、その問題を放置したら、どんな悪影響が出るのか、リスクに気づいてもらいます。

お客様からリスクを聞くのは怖い、という営業担当者は少なくありません。なぜなら、お客様が言いたくないことでもあるからです。確かにリスクを聞くのは勇気がいります。だからこそ心配りを忘れないようにするのです。

「山田様、お伺いしてもよろしいでしょうか。失礼をご容赦ください」

「馬鹿な質問ですみません」

こうしたクッション言葉を挟んで「本当は聞くのがためらわれることであることは知っております。それでも確認させていただいてよろしいでしょうか」というニュアンスをお伝えして、そのうえでリスクの解決策を提案します。

営業「もしよろしければ、その問題を解決する方法をお伝えできるかと存じます。お話しさせていただいても、よろしいでしょうか?」

このような流れにもっていけば、「ニーズがない」から「ニーズがある」に変わる魔法のようなヒアリングが完成です。

これができるか、できないかが、営業において極めて大事なポイントです。

リスクも、事前に予測することができます。

その企業の事業内容や事業戦略、競合他社の動向、市場動向や市場規模などをあらかじめ調べておくのです。

企業のホームページ、上場企業の場合はIR情報、業界動向サイトなどを見ておくと、その会社の課題が見えてきます。あくまで想像でいいのです。

法人営業の場合、**仮説に基づくリスクを3つぐらい用意しておくと、「ニーズがない」から「ニーズがある」に圧倒的に変わりやすくなります。**

Point

「ニーズがない」を、ヒアリングによって「ニーズがある」に変える

5

「不安」「不満」「不便」を聞き出す方法

●答えやすい質問から、お客様の状況を探る

お客様のペインポイントを確認するヒアリングのテクニックをもう少し掘り下げていきましょう。

お客様のペインポイントを探るヒアリングは、次のような流れになります。

❶「今まで、○○をご利用されたことはございますか？」

❷「使ってみていかがでしたでしょうか？」

❸「今は、どのようにされていらっしゃるのでしょうか？」

❹「今後に向けて、お伺いしてもよろしいでしょうか？」

❺「今後のご予定は、どのように考えていらっしゃいますか？」

❶から❺にかけて、限定質問から徐々に拡大質問に移行しています。**ヒアリングは、答えやすい質問から入るのが基本です。**

「ＹＥＳ・ＮＯ」で答えられる「限定質問」からヒアリングを始めます。また質問は、過去から未来の流れにしたほうが答えやすくなります。

次第に「拡大質問」を増やして、できる限りたくさん話してもらい、お客様が自覚されていないペインポイントやニーズに気づいてもらいます。

●魔法の言葉①「もっと」

ヒアリングがある程度できたら、「クッション言葉」を交えてペインポイントを特定していきます。例えば、こんな感じです。

「差し支えなければ、お伺いしてもよろしいでしょうか。〇〇をご利用されるうえで、ご不便を感じる点などはございますでしょうか？」

ペインポイントには、３つの「不」があります。「不安」「不満」「不便」です。

これらの言葉で直接尋ねるのも１つの手ですが、不安・不満・不便は、ネガティブな表現でもあります。お客様によっては答えにくいかもしれません。また、失礼な印象を与えてしまう場合があります。

そこでオススメしたいのが「もっと」です。次のように使います。

「差し支えなければ、お伺いしてもよろしいでしょうか。このようなサービスをご利用されるうえで、もっとこうなったほうがいいな、と思うことはありますか？」

いかがでしょう、ポジティブな感じがしますよね。

3つの「不」は答えにくいかもしれませんが、この聞き方ならお客様も、ずっと答えやすくなります。失礼な印象も与えません。

誰しも「もっとこうなったらいいな」と思っていることはあります。**「もっと」は、潜在的なニーズを引き出すことができるマジックワードなのです。**

●魔法の言葉② 「10点満点中、何点ですか？」

「もっとこうなったほうがいいなと思うことはありますか？」と質問しても「ちょっとわからないかな」と言われることもあります。

そういう場合に使える、オールマイティーなテクニックもあります。

「10点満点で何点ぐらいでございますか？」

これです。この質問をすると、次のようなトークの展開になります。

先方「8点くらいかな」

営業「ありがとうございます。何があれば、10点になるのでしょうか？」

または「あと2点は、どんなことなのでしょうか？」

このように聞けば、お客様はペインポイントを具体的に答えやすくなります。**「10点満点で何点？」と聞かれて「10点」と答える人はほとんどいません**。

また、もし「10点」と言われても、さらに切り返すテクニックがあります。

「完璧でいらっしゃるんですね。ほかの企業様では聞いたことがありませんでしたので、本当に勉強になります。あえて伺ってもよろしいでしょうか。もし仮に12点ということがあるとしたら、どんなことが考えられるでしょうか？」

研修でこの話をすると、ロールプレイングで皆さんが使うようになります。誰もが使える、簡単かつ最強のテクニックです。ぜひやってみてください。

Point

「もっと」と「10点満点で何点ですか？」で「不」を引き出す

6 プレゼンは商品の良さを説明する場ではない

●お客様にとっての「利益」を端的に伝えよう

「プレゼン（解決策を示す）」で重要なポイントは、お客様にとっての「利益」を端的に伝えることです。

プレゼンについては、誤解してしまっている人が少なくありません。

プレゼンでやるべきことは、いきなりパンフレットを取り出して、商品の良さを説明することではありません。ライバル会社の商品よりも優れているとアピールすることでもありません。

プレゼンでは、商品を購入したら、どのようなメリットがあるのか、その先に焦点を当てた話をするのです。プレゼンに最適な**「PREP（プレップ）法」**というテクニックを紹介しましょう。PREP法は手短にわかりやすく伝える方法として便利です。

オンラインではPREP法を意識して話す

	例	コツ
Point 結論	「このサービスのポイントは、情報提供だけでなく、確率を高める手法で高い評価を頂戴している点です」	営業の場合は、お客様の視点で語ることが重要
Reason 理由	「と言いますのも、〇〇というシミュレーションの手法を用いているからなのです」	まだ、詳細は語らない
Example 詳細	「例えば、私のお客様でも□□に対して効果があったといった評価を頂戴しております」	ここで詳細を語る
Point 結論	「ですので、確率を高めるパートナーとして評価を頂戴している点がポイントになります」	最後は、最初の「Point」を再度、伝える。

具体的には、**「Point（伝えたい結論）」→「Reason（理由）」→「Example（事例・具体例）」→「Point（結論を繰り返す）」の流れで伝えます。**これがお客様にとって理解しやすい営業のセオリーです。順を追って説明しましょう。

①Point（伝えたい結論）

プレゼンで最初に話すのは「伝えたい結論」です。これは、お客様にとっての「利益」を伝えます。利益とは「お客様の何を解決できるのか」です。

お客様のペインポイントはヒアリングですでにわかっているわけ

ですから、その問題が解決できることを、端的に伝えます。

基本となるセリフは**「ポイントは○○です」**。

営業「当社の求人広告のポイントは、応募を集めるだけでなく、面接率と採用確率を上げることです。その点が一番の違いになっています」

このようにペインポイントに沿って、お客様の利益を説明するのが「伝えたい結論」です。利点（商品の良いところ）を伝えるだけでは不十分。また、特徴（商品の説明）をだらだら長く話すのはNGです。

例えば「特徴」から伝えると、次のようになってしまいます。

営業「当社の求人広告は、興味別編集です。他社では地域別編集が一般的ですが、求職者の興味と必ずしもマッチするとは限りません。そこで弊社では『コミュニケーションスキルを生かせるシゴト』『リーダーシップを発揮できるシゴト』『専門技術を生かせるシゴト』など求職者の興味に合わせて分類し……」

いかがでしょう？　最初から特徴を長々と説明されても、どんなメリットがあるのかよくわかりませんよね。**まずは「利益」をシンプルに伝えましょう**。

② **Reason（理由）**

次は「理由」です。お客様にとっての利益の根拠となるデータや事実を示します。

ただし、手短に伝えることが重要です。

基本となるセリフは**「と言いますのも、○○だからです」**。

営業「と言いますのも、私たちはメディアだけではなく、採用フローのご提案もしているからです」

もしくは、具体的なデータで示します。

営業「と言いますのも、私たちは月に100万件の求人を抱えております。そのなかで、さまざまなデータを持っているからこそ、このご提案ができるのです」

商品の利点や特徴は、ここで語るのが良いでしょう。

「利点」とは「弊社のサービスには、こういった長所があります」と商品の良いところを伝えること。「特徴」とは、商品の説明をすることです。

③ **Example（事例・具体例）**

次は「事例・具体例」です。ここでは、自社の商材を利用することによる効果や、利用者の感想などを伝えます。

基本となるセリフは**「例えば……」**と**「と言いますのも……」**です。

事例・具体例の伝え方は、2つの方法があります。1つは、商品を利用したことや利用者による「ビフォー・アフター」を伝える方法で、もう1つは「事例・具体例の根拠」を伝える方法です。

❶「ビフォー・アフター」の伝え方

営業「例えば、実際にこのようなことがございました。あるお客様は、応募者の半分しか面接に来ないという課題をお持ちでした。そこで私たちのフローをご提案したところ、面接率が4割だったのが7割まで増えました。また、その結果、求人コストが半分に下がり、とても喜んでいただいております」

❷「事例・具体例の根拠」の伝え方

営業「と言いますのも、100万件のデータを分析することによって、どのような人の面接率が高いのかもわかっているからです。このような人たちを集める広告を打つことによって、面接率も採用確率も上がるのです」

単に「私たちは月に１００万件の求人を抱えております」と伝えても、お客様からしてみたら、なぜそれが「面接率や採用確率が上がる」という結論につながるのかがわからなかったりします。そこを補う根拠を伝えるのです。

「ビフォー・アフター」と「根拠」を伝えることで、お客様が商品やサービスを購入するメリットを具体的にイメージできるようになります。

④ Point（結論を繰り返す）

最後は「結論を繰り返す」です。もう一度、最初に示した結論を繰り返して、プレゼンを締め括ります。

基本的なセリフは**「ですので、〇〇である点がポイントになっております」**。

営業「ですので、応募を集めるだけでなく、面接率を上げ、そして採用確率を上げる点が一番のポイントとなっております」

もしくは、お客様が抱える問題を解決できることを改めて伝えます。

営業「ですので、山田様がおっしゃっておりました面接に応募者の半分しか来ないという問題は、解決しやすいかなとお見受けしております」

●テレアポ・リモート営業では「PREP法」が絶対の法則

「PREP法」は、プレゼンの基本的話法です。特にテレアポやリモート営業は、これができないと、なかなか成功しません。

以前、ある知り合いの経営者の方から電話がきて、リモート営業を受けたことがありました。

先方「ちょっと伊庭さん、私のサービスを聞いてもらっていいですか？」

伊庭「もちろんです、どうぞ、どうぞ」

オンラインを共有すると、動画が始まりました。

その方が出演されている動画で、いきなり「我々のモットーは○○です」といった話が始まりました。それが10分ぐらい続いて、ようやく「我々はこのようなサービスを提供しております」と商品の紹介がありました。

これは正直キツかったです。お世話になっている方でなかったら、最後まで見ることはなかったと思います。

オンライン勉強会など、聴衆の前で話す場面ならともかく、**1対1のテレアポやリ**

モート営業では「結論」は最後ではなく「最初」に話すことが重要です。

ところが、ほとんどの営業担当者は、いきなりパンフレットを開いて商品の説明から始めてしまいます。

「私たちの会社は～」「当社の理念は～」といった「事例・具体例」ですらないケースも少なくありません。こうした話し方は「それってうちにどんなメリットがあるの?」と、お客様をイライラさせてしまいます。

①「Point（伝えたい結論）」→②「Reason（理由）」→③「Example（事例・具体例）」→④「Point（結論を繰り返す）」。

この順番は、お客様にとってメリットが理解しやすく、ストレスなく話を聞くことができる、絶対の法則です。

プレゼンは、必ずこの順番を守りましょう。

Point

「PREP法」の順序は、プレゼンの絶対法則

7 ベストプランは「選択式」で提案を

●お客様の想定外の提案に対しては「選択肢を示すプレゼン法」で

営業においては、お客様の選択が必ずしもベストプランとは限りません。お客様がA案を希望されていても、こちらはB案がベストプランだと判断したときは、選択肢を示すプレゼン法で提案します。

例えば、A案はお客様が希望する単発契約、B案はこちらがベストプランだと考える長期契約だった場合、次のようなテクニックを使います。

営業「社長、やり方としては2つあります。A案は、単発で対応させていただく方法。B案は、長期プランを我々に任せていただく方法です。

A案のメリットは、必要なときにスポットでご発注いただくので、無駄な経費が出にくいことです。デメリットは、今、社長が困っていらっしゃいますように、対応にタイムラグが空いて、解決しにくくなってしまうことです。

一方、B案のデメリットはコストがかかることですが、メリットは継続してご発注いただけることで、計画的な施策が打ちやすくなることです。といいますのも、今のようなお困りごと自体が起こりにくくなるというデータがあるのです。

社長、今の課題を解決するには、どちらが適していると思われますか？」

先方「うーん、やっぱりB案かな」

営業「実は、私が社長の立場でもB案を選びます」

お客様にとって想定外の提案でも、**A案のメリット→A案のデメリット→B案のデメリット→B案のメリットの順番で話すと、B案を選びやすくなる**のです。

●関係性ができているときは「最後の情報」が頭に残りやすい

選択肢を示すプレゼン法では、①メリット→②デメリット→③デメリット→④メリットの順番を守ることが重要です。

この順番には、実は3つの心理学的効果が隠されています。

1つは「**親近効果**」。**相手との関係性ができているときは、最後に提示された情報が頭に残りやすい**と言われています。

例えば、コンテストで参加者と審査員の関係性ができているときは、最後に登場したほうが強い印象が残ります。だから、みんな絶対に最後を狙います。

プレゼンも同じです。こちらが推したいB案のメリットを最後に伝えることによって、お客様の印象に強く残り、それを選びやすくなるのです。

●関係性ができていないときは「ローボール・テクニック」

また、相手との関係性ができていないときは「**ローボール・テクニック**」が有効と言われています。ローボールとは「低いところからボールを投げる」ことです。最初に相手が承諾しやすい条件を出して、徐々に相手にとって想定外の条件を出していく。これも心理学を応用したテクニックです。

A案は、お客様が希望されているものですから何の障壁もありません。そこから話を始めれば、プレゼンを聞いてもらいやすくなります。

でも話を聞いていくうちに、B案への納得感も高まっていくので、最後は「親近効果」で締める、というテクニックです。

●お客様に共感して「認知的不協和」を解消する

冒頭で挙げた例文の最後に「実は、私が社長の立場でもB案を選びます」というセリフがありましたよね。これは「**認知的不協和**」を解消する心理テクニックです。

認知的不協和とは、自分の決断に対して「本当にこれでいいのか?」と不安になることです。お客様も自分の決断には不安を持っているものです。

認知的不協和を解消しておかないと、お客様はモヤモヤした状態のままクロージングに入ってしまいます。すると後になって「やっぱりやめる」と言い出してしまう可能性が高いのです。それをあらかじめ解消しておきます。

アパレルショップの店員さんは、お客様が選んだ商品に「私も持っています」とよく言っていますよね。あれも認知的不協和を解消するテクニックです。

人は誰かが自分と同じ選択をすると、自分の決断に自信が持てます。

トップセールスには、これを無意識でやっている人が多いです。だから長期契約をもらえたり、単価が高いビジネスができたり、苦労せずにリピーターを獲得できたりしているのです。この話法、ぜひ覚えておいてください。

Point

選択に納得してもらい、最後に認知的不協和を解消する

8 クロージングは お客様の意思決定を促す「サービス」

●「背中を押してくれる人」と「背中を押してくれない人」

ラポール（警戒心を解く）→ヒアリング（問題を確認する）→プレゼン（解決策を示す）まで来ました。最後は「クロージング（決断を促す）」です。

ほとんどの営業担当者は、クロージングが苦手です。

クロージングに入ると、急に商売っぽい話になるので「嫌なことをしている」という感覚に陥ってしまうのです。私も最初はそうでした。

でも、お客様のことを考えると、実はまったく逆なんです。**クロージングとは、お客様の意思決定を促す「サービス」なのです。**

クロージングの際、営業担当者は2つのタイプに分かれます。「背中を押してくれる人」と「背中を押してくれない人」です。

背中を押してくれない人は、お客様が「どうしよう？」と決断を迷われていても、黙っているか、「ご質問はありますか？」しか言いません。商談の場はシーンとしています。このときに、お客様はこう思っています。

先方（えっ、こっちから「ください」って言わなきゃいけないの？）

ここで営業担当者がこう言ってくれたらどうでしょうか？

営業「もしよろしければ、お見積もりだけでもご用意しましょうか？」

お客様は「じゃあ、お願いします」と言って決断から解放されます。

「自分で言わなくてもいい」は、お客様にとってラクなことなのです。お客様は、背中を押されることを望んでいます。

クロージングでは「背中を押してくれる人」になりましょう。

●クロージングは「2段階」で行う

クロージングは、通常「**テストクロージング**」と「**ダイレクトクロージング**」の2段階で行います。

「お見積もりだけでもご用意しましょうか？」は、お客様の意思をテスト的に確認するステップなので、テストクロージングと呼ばれています。

お客様の意思を確認できたら、次は購入の決断を促すダイレクトクロージングに入ります。

営業「山田様もお忙しいと存じ上げております。もし差し支えなければ、お申し込みの段取りも併せてさせていただくのはいかがでしょうか？」

こうして、クロージングから契約に至る流れをつくります。

ここでもやはり営業が背中を押すことで、お客様は「ありがたいな」と思ってくれます。**決断には、非常にエネルギーを使います。お客様は、むしろ背中を押されたがっているのです。**

先方「ああ、そうですね。じゃあ、よろしくお願いします」

お客様にしっかりとした納得感があれば、こうして契約をしてくれます。

●お客様の反論は4パターン

もちろん、いざ契約となると次のような反応もあり得ます。

先方「それは、ちょっと待ってもらっていいですか？」

このお客様の反論に対して、どう対応するかが営業の腕の見せどころです。

お客様の反論は「誤解」「限界」「決裁が別」「迷い」という4つのパターンに分けられます。それぞれの対応の仕方を紹介します。

①「誤解」への対応

先方「本当に大丈夫なのかな。ちょっと相場より高いんじゃないの?」

これは、情報が足りていないばかりに誤解を与えてしまっているケースです。この場合は、**改めて情報を提示して誤解を解きます**。

営業「失礼いたしました。こちらをご覧いただいてもよろしいでしょうか」

このように言って、資料やデータをお見せすると安心してもらえます。

②「限界」への対応

先方「初回は無料にしてくれるなら、契約してもいいですよ」

これは過度な要求や交渉をされて、こちらで対応できることに限界があるケースです。この場合は、まずは一回、お客様のお話をすべて受け止めます。

営業「確かに、お値段のことって大事ですからね」

そのうえで、ヒアリングの際に聞いた「リスク」について伝えます。

営業「例えば、いかがでしょうか。先ほど山田様はこのようにおっしゃっていました。今の状態が続いたら現場が困ると。実は今日お話しさせていただいたのは、そのお困りごとを解消するためのご提案でございました。無料にすることはできないのですが、精一杯努めさせていただきます。ぜひ、私にその解決のチャンスをいただけないでしょうか」

このように改めて**お客様が購入しない場合のリスクを提示して、「そもそも論」にもっていく**と納得してもらいやすくなります。

だからこそ、ヒアリングの際にリスクを聞いておくことが重要なのです。

③「決裁が別」への対応

先方「私には決裁権がないもので、決められないんですよ」

これは、決裁者が別にいるケースです。この場合はどうしようもありません。次のように対応します。

営業「失礼いたしました。どなたが決められるんでしょうか？」

先方「部長です」

営業「そうでしたか。大変失礼いたしました。今回、どのように稟議《りんぎ》を上げられるイメージでしょうか？」

先方「会議で上げようと思っています」

営業「ありがとうございます。もしあるとすればなんですけれども、どんな基準で決められそうですか。どんな基準を大事にしていらっしゃるんでしょうか？」

先方「まあ、値段ですよね。あとは確実性です」

営業「ありがとうございます。山田様は、私どものサービスを聞いていただきまして、どのように思われましたか？」

先方「いいんじゃないかなと思っています」

こうして言質を取ってから「ぜひお願いしてもよろしいでしょうか」と、担当者に託します。ただし、担当者が確実に提案できるとは限りません。そう感じた場合は、さらに深くコミットする必要があります。

営業「山田様もいいとおっしゃってくださいましたが、このサービスの説明をするのは、ちょっと難しくないでしょうか？」

先方「そうですね。ちょっとややこしいですよね」

営業「もしよろしければ、私のほうで部長様からの質問をお受けしますので、直接お話しさせていただく機会を設けていただくわけにはいきませんでしょうか？」

このように担当者を助けるように言います。**決裁者にダイレクトに営業できるところまでトライするのは、営業として欠かしてはならないセオリーです。**

「担当者に託せば、やってくれるに決まっている」

こういう姿勢は、営業担当者としてNGです。先方の担当者に託す場合は、ダメになる可能性も想定して、リスクヘッジしておくのが重要なポイントです。

④「迷い」への対応

先方「うーん、難しい、悩ましい……」

これは、特に理由がなく、単に優柔不断なケースです。この場合は、**とにかく力強く背中を押していきます**。

営業「迷われますよね。例えば、いかがでしょうか、精一杯努めさせていただきます。私にそのチャンスをいただくわけには参りませんでしょうか」

先方「いや、それでも周りのこともあるからね」

営業「わかります。山田様、いかがでしょうか、お役に立てるように、そして、周りの方にもご納得いただけるように精一杯努めさせていただきます。私を信じていただくわけには参りませんでしょうか」

熱意を込めて背中を押していけば、最後にはこのように言ってもらえます。

先方「そこまで言うなら」

●トップセールスは、ためらわない

クロージングで最も重要なポイントは、ためらわないことです。

トップセールスの人ほど、お客様の背中を押すことをためらいません。なぜなら、嘘をついているわけではないからです。

トップセールじゃない人ほど、お客様の背中を押すことをためらってしまいます。

それは、嘘をついていると思ってしまうからです。

トップセールスの人は、本当に「僕に任せてもらったら誰よりも精一杯やる」「自分以外の人に頼むよりも絶対に私に頼んだほうがいい」と思っているので、「私を信じてください」と躊躇《ちゅうちょ》なく言えます。

だから、お客様も「そこまで言うなら」と信じてくれるのです。

もちろん、プレッシャーはかかります。でも任せてほしいと言ったからには、その重圧を糧としながら、細かいフォローもしていきます。

営業「ありがとうございます。ほかに疑問点はありませんか？」

先方「もうないかな」

営業「何でも結構です。もしあれば教えてください」

先方「いや、大丈夫、大丈夫」
営業「かしこまりました。ありがとうございます。で、ございましたら、こちらの方向で進めさせていただいてもよろしいでしょうか?」
先方「いいですよ」

こうしてダイレクトクロージングに戻ります。

この場合は、**「テストクロージング」**→**「ダイレクトクロージング」**→**「反論対応」**→**「ダイレクトクロージング」**という流れになります。

いかがでしょうか? アプローチからクロージングまでの流れが見えてきたのではないでしょうか。

あなたもぜひ「そこまで言うなら」とお客様から言ってもらえる、ためらわない営業を目指してください。

Point

クロージングではためらわない。それがトップセールス

第6章

ワンランク上の「できるリモート営業」になるポイント

1 「できる人オーラ」をオンラインで演出するコツ

●スマホは避けましょう

リモート営業では、簡単な方法で「できる人」オーラを出すことができます。まずは基本的なことですが、オンラインにつなげるツールはパソコンにしましょう。スマホは避けてください。**スマホでもビデオ通話はできますが、商談には向いていません**。画面が揺れますし、何より画面が小さいです。

これまでお伝えしてきたように、**リモート営業のキモは、相手に画面共有で資料を見せることにあります**。スマホでは、資料がよく見えませんよね。

タブレットでもできないことはありませんが、資料提供には向いていません。打ち合わせ程度なら大丈夫ですが、リモート営業はパソコン一択です。

●カメラの位置は「目線と水平に」

次に重要なのは、Webカメラの位置です。カメラはパソコンに内蔵されている場合は、その位置を目線の高さに合わせてください。ノートPCの場合、机の上に置いただけだと内蔵カメラの位置は目線より下になります。すると、お客様を上から見下ろす目線になってしまいます。上から目線は、当然NGです。

PCの高さを調整できる、専用のスタンドが売っています。本などを重ねて置いても構いません。**目線の高さをカメラに合わせる**ことが重要です。

そしてオンラインで対話するときは、**お客様の顔ではなく、カメラを見て話しましょう**。相手の顔を見ていると、やはり目線が下がってしまいます。カメラの下に付箋《ふせん》を貼っておくと、目印にできます。

●光を味方に

第1章でも紹介したように、画面の明るさも重要です。ビデオ通話をしていると、光が不足していて、顔も背景も暗い人がとても多いのです。

逆光は当然NGですが、自然光や部屋の照明だけでは光量が不十分です。顔に影もできてしまうので、暗い印象になってしまいます。

Web面接などでも使われるスタンドライトや、自撮り用のリングライトなどが2

オンライン営業での望ましい映り方

顔と体の露出の割合が１対１になるよう心がける

000円程度で売っています。これらを正面に設置すれば、顔が明るく映り、影もできません。光を味方にして、ほかの営業との違いを見せましょう。

●おでこを出す

リモート営業では、基本的に顔しか見えません。だからこそ大事なのは「おでこ」を出すことです。それだけで「しっかりした人」に見えます。

前髪を上げると幼さが消え、大人っぽく見えます。ほかの職種ではあまり気にする必要はありませんが、営業は信頼感を得ることが第一です。

試しに「トップセールス」などというキーワードで画像検索してみてくださ

い。皆さん、見事におでこを出されています。
男性はもちろん、女性も3割から6割程度は額が見えるヘアスタイルにされていま
す。こちらも試しに「女性　トップセールス」などのキーワードで画像検索してみて
ください。
いかがでしょう？　おでこは「できる人オーラ」の意外と重要なポイントです。

●顔と体の比率は「1対1」

画面に映る構図も、気にしておきたいポイントです。

顔と体の比率は、1対1がベストです。顔が大きく映りすぎると、相手に圧迫感を与えます。顔が小さすぎると、お客様と距離ができてしまいます。

1対1のバストショットなら、ネクタイやポケットチーフも見えます。右の図を参考に「1対1」のバランスにできるPCとの距離感を覚えておきましょう。

Point

リモート営業は、簡単なテクニックで「できる人オーラ」を演出できる

2 オンラインで映える服装とは？

●服装よりも表情や話し方が重要

リモート営業に関する記事には「スーツは膨張色がいい」「シャツは白、黄色、ベージュ、水色」など服装についていろいろ書いてあったりします。

でも私の実感としては、そこまで気にする必要はありません。

普段の営業スタイルで十分です。

上半身しか相手に見えないからといって、パジャマのズボンやスウェット、短パンはさすがにNGですが（立ち上がったときなどに見える場合があります）、先方の職種によってはスーツをかっちり着なくてもOKです。

私もリモートワークをするときは、イージーパンツを履いていることがほとんどです。要は、外に出られる格好か、そうでないかです。

外に出られる服装なら、リモート営業でも全然問題ありません。

それよりも、表情や話し方のほうが、はるかに重要です。明るい笑顔で正しい言葉づかいができていれば「できる人オーラ」を十分出すことができます。

●トップセールスはコーポレートカラーに合わせる

ただ、マストではありませんが、トップセールスの人たちが意識していることがあります。それは、お客様のコーポレートカラーに合わせることです。

例えば、先方のコーポレートカラーがブルーだったら、男性は青と赤のネクタイをつけたり、女性はスカーフの差し色に使ったりしています。

全身をブルーで揃えたりするのは、これみよがしになってしまうので逆効果ですが、軽く差し色程度に使うと「できる人オーラ」が倍増します。

普通はここまでやる必要はありませんが、見ている人は見ています。女性は特に気づいたりします。「できる感」を満載にするための上級テクニックです。

トップセールスを目指すなら、ぜひチャレンジしてみてください。

Point

オンラインでも通常の服装でOK。先方の色に合わせる上級テクも

3 どんなヘッドセットがベスト？

●リモート営業では、ＰＣ内蔵マイクは避けよう

リモート営業で重要なのは「音」です。お互いの声がスムーズに聞こえる状態にしておかないと、資料の説明もプレゼンも相手に届きません。

パソコンには通常、マイクもスピーカーも内蔵されています。Ｚｏｏｍなどのオンラインツールにつなげば、そのままビデオ通話ができます。

ただ、**ＰＣマイクは思いのほか周囲の雑音を拾ってしまいます。**お客様は営業の声が聞き取りにくくても、それを口にされたりはしません。

そのため、営業担当者は気づかず話し続けてしまいます。結果、お客様に何も伝わっていなくて、商談に失敗してしまうという悲劇が待っているのです。

リモート営業では、ＰＣマイクは避けましょう。

オンラインを使った営業をするには、ヘッドセットやイヤホンは必需品と考えてく

ださい。ＰＣマイクは１００％ない、と決めるのが大事なポイントです。

●ヘッドセットは、ちゃんと音が聞こえればＯＫ

ヘッドセットとは、ヘッドホンにマイクを搭載したデバイスのことです。通話に特化していて、マイク性能が高いのが特徴です。

軽量で長時間使用しても耳や頭頂部が痛くなりにくく、比較的安価なモデルも多いので、低予算で購入できます。

パソコンで使うヘッドセットには、主にＵＳＢタイプとBluetoothタイプの２種類があります。

ＵＳＢタイプのほうが、音がクリアになりやすいと言われていますが、そこまで気にする必要はありません。意識すべきは、**相手にちゃんと声が聞こえているか**。問題なく聞こえるなら、どちらを選んでもＯＫです。

ヘッドセットには頭にかぶせるオーバーヘッドタイプのほか、耳栓のように耳の中に入れ込むイヤホンタイプもあります。イヤホンタイプは、遮音性が高いのが特徴です。

なお、通常のイヤホンにもマイク機能が付いているタイプがありますが、このよう

ヘッドセットの種類

なマイク付きのイヤホンでも、リモート営業は十分にできます。

あくまで補足ですが、商談前にはマイクテストをしておきましょう。なぜかヘッドセットを接続していても、パソコン内蔵マイクにつながっていることもあります。

何があるのかわからないのがオンラインです。必ずチェックをしてください。

●イヤホンを選ぶ際の注意点

私は以前、オンライン研修では片耳にかけるタイプのヘッドセットを使用していました。片耳タイプは外れやすいので、耳からズレるたびに直していたのですが、そのつど、音がしていたようです。

研修事務局の方から「伊庭さん、ヘッド

セットを触られたとき、少しガサッと音がしてしていました」とご指摘をいただいたので「買い換えます！」と言ったところ「いえ、特に気にならないレベルだから大丈夫ですよ」という反応でしたので、お言葉に甘え、気をつけながら、その後も使っていました。

ところが、別のオンライン研修で「講師の方がヘッドセットを触るたび音がするのが気になりました」とアンケートに書かれていたのです。

気になる人と気にならない人がいる、というくらいのレベルの差ではあると思いますが、音に敏感な方は気にされるかもしれません。

営業は余計なことは極力避けたほうがいいので、私はリモート営業では頭にかぶせるタイプのヘッドセットをオススメしています。

ただ、ヘッドセットやイヤホンは、人によって合う・合わないがあります。機種によっても違いがあります。長時間使っていても頭や耳が痛くなりにくく、音がクリアで、雑音を遮断する、自分に最適なタイプを探してみてください。

Point

リモート営業では「音」が重要。ヘッドセットは必需品

4 常にオンラインでのトラブルを想定しておく

●スペアを必ず用意する

リモート営業では、さまざまなトラブルが起こり得ます。常にトラブルを想定しておくことが重要です。そのための有効なテクニックにも触れておきますね。

スペアを用意しておく。

これだけで、オンラインで起こるほとんどのトラブルに対処できます。

例えば、ヘッドセットが故障しても、あらかじめスペアを用意しておけば、パッと付け替えるだけで対応できますよね。

何も特別なことではありませんが、リモート営業ではとても重要です。

もしパソコンにトラブルが起こったら、オンラインでの対話は続けられません。私は常にスペアとしてiPadと、もう一台、別のＰＣを用意しています。オンラインでは何が起こるかわかりません。先日もトラブルがありましたが、スペアのＰＣにすぐに切り替え、スムーズにミーティングを継続できました。

営業たる者、うまくいかないことも想定して、万全の備えをしておくことが重要です。現場でまごついている営業ほど、格好悪いものはないですから。

パソコンやヘッドセット、資料が入ったUSBメモリなど、リモート営業に使うデバイスは、必ずスペアを用意しておきましょう。

●通信環境に要注意

もう1つ大事なのは、**デバイスだけでなく、通信回線のスペアも用意しておくこと**です。

リモート営業では、インターネット環境の安定性が極めて重要ですが、回線トラブルは普通に起こります。

通信回線が不安定だと、会話の途中で映像が止まったり、声が聞こえなくなったりします。映像がガクガクしたり、音声が乱れるだけでも、お客様にとってはかなりのストレスになります。

お客様のほうで通信トラブルが起こるのは仕方のないことですが、営業担当者がトラブルを起こすのは絶対にNGです。

テザリングとは？

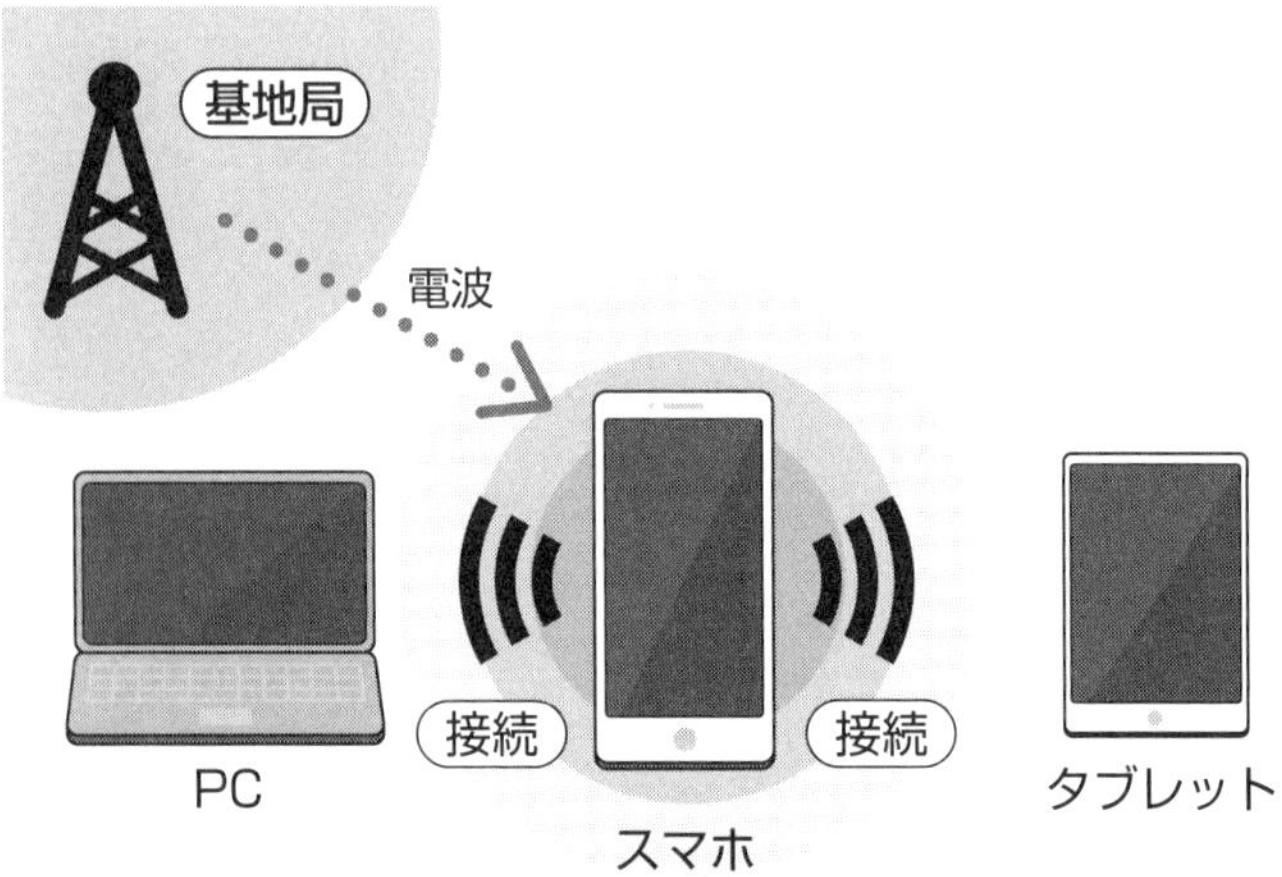

なぜなら、万全の準備をすれば、通信回線のトラブルは防げるからです。

通信回線が不具合になったときのために、別の回線も用意しておきましょう。私は有線ＬＡＮと無線ＬＡＮ、テザリングと3つの回線を用意しています。

テザリングとは、スマホなどのデータ通信を利用してパソコンやタブレットをインターネットに接続することで、主にスマホのオプションサービスとして提供されています。

スマホのテザリング機能を利用すれば、Wi-Fiスポットがない場所でもインターネットに接続できます。**通信回線に不具合があったときでも、テザリングを使って対処できるので、いざというとき**

に便利です。

テザリングは、スマホの機種や通信プランによっては利用できなかったり、別料金が発生する場合もあります。利用できるかチェックしておきましょう。

スマホやパソコンが低スペックだから、回線に問題がなくてもオンラインにうまく対処できない……。もしそういう方がいましたら、「**プロなんだから道具くらいは揃えておこうよ**」とお伝えしたいです。それは硬式野球の試合に軟式バットで出場するようなものです。ちゃんとしたスペックのものを買うことをオススメします。

トラブルが起こっても慌てたりせず「スペアがあるから大丈夫です」とサッとスマートに対処できるのが「できる営業」です。

オンラインでは、日常的にトラブルが起こります。デバイスと通信回線は、可能な範囲でスペアを用意し、万全の態勢でリモート営業に臨みましょう。

Point

デバイスと通信回線はスペアを用意しておく

5 どんな背景がベスト？

●生活感が出ているものは絶対NG

リモート営業では、「背景」の選び方も重要です。オンラインで人に対面する際は、背景によって大きく印象が変わります。

背景は多くの営業担当者が悩んでいますが、うまく使えば「できる人オーラ」を演出し、プレゼンや商談の頼もしい武器になってくれます。

どんな背景がベストかを紹介する前に、まずはダメな例からお伝えします。

生活感が出ている背景は、絶対に避けましょう。

ハンガーに服がぶら下がっていたり、ベッドが映っているような生活感がにじみ出ている背景は、だらしなく見えます。これらは絶対にNGです。

テレワークで自宅からリモート営業をする場合は、どうしても背景に生活感が出てしまいがちです。洗濯物やキッチン、本棚、壁のポスター……これらは、すべてNG

と考えておきましょう。

会社の場合も、雑然としたオフィスが背景に映るのは好ましくありません。

●リモート営業は「バーチャル背景」でもOK

オンライン通話では、無地の白い壁をバックに、観葉植物のグリーンが差し色として少し入っている。そんな背景が理想的と言われています。

でも「そんな背景は難しい」という方がほとんどではないでしょうか？

ご安心ください。

結論としましては、**リモート営業は「バーチャル背景」でもOK**です。

バーチャル背景とは、ビデオ通話の際、背景に表示できる画像のことです。オシャレな部屋やスマートなオフィス風景など、いろいろな画像から自由に選べます。これらを使えば、どこからでもリモート営業が可能です。

ただ、通常のオンラインミーティングなら、これらの背景で十分ですが、「営業」をするとなると、もうひと工夫したいところです。

そこでオススメなのは**「名刺」を背景にする**ことです。

zooomeで作成したバーチャル背景名刺のサンプル

日実 太郎
Taro Nichijitsu
株式会社日本実業出版社
企画編集部 ディレクター
@NJG_pr
創業から培ってきた、
「考えや思いを読者にわかりやすく伝える」
当社ならではの書籍編集ノウハウを活かし、
最適な企画や書籍づくりをご提案します。
powered by zooome

●バーチャル背景名刺は、名前を覚えてもらえて、話のネタにもなる

上の画像を見てみてください。

まるで名刺のようになっていますよね。これはバーチャル背景名刺と呼ばれているものを、「zooome（ズーミー）」という無料ツールでつくったものです。

例えば、私は「伊庭《いば》」という特殊な苗字なので「伊庭でございます」とご挨拶しても、名前の読み方や漢字をなかなか覚えてもらえません。

名刺を背景にすれば、名前を覚えてもらいやすくなり、「実はこれ、バーチャルでつくったんですよ」と話のネタにもなります。

バーチャル背景名刺は、つくるのも簡単で

す。zoomeなど無料ツールを使えば、5分くらいでつくれます。会社のロゴを大きくしたり、商品写真を入れたりすることもできます。

社名をアピールしたり、商品のラインナップを背景にして、お客様に覚えてもらえれば、プレゼンや商談の強い味方になってくれます。

リモート営業の背景は、話のネタになるものがベストです。無料ですし、簡単ですから、バーチャル背景名刺を試してみてはいかがでしょうか？

Point

バーチャル背景名刺で自分・会社・商品をアピールする

6 自己紹介シートを作成しておこう

●「なじみの法則」で自己紹介

リモート営業で自己紹介をする際には、2つのテクニックがあります。

1つは「**なじみの法則**」を使って簡潔に説明すること。これは私が提唱している話法で**「なじみ」とは「何者なのか・実績・ミッション」の頭文字です**。

①「な」→何者なのか

まずは、自分がどんな仕事をしているのかを簡単に説明します。

営業「私は5年前からこの地域の担当をしております。大手企業様を中心に○○サービスをご紹介しながら、こういったお手伝いをしております」

②「じ」→実績

実績は、これまで何をしてきたのか、具体的な数字を伝えます。

営業「実績としましては、2000案件を担当させていただいております。10万人から20万人のユーザーを新規顧客に結びつけるお手伝いをしております」

③「み」→ミッション

ミッションとは、どんな思いで仕事をしてきたか、です。

営業「我々は掲載させていただくことがゴールではなく、人が定着し、その方が活躍されるまでをゴールに置いております。ぜひ一緒に考えさせてください」

自己紹介は、15秒がベスト。長くても30秒です。

お客様は、営業担当者に興味があるわけではありません。短時間で「さらり」と紹介するのが大事なポイントです。

●自己紹介シートを画面共有する

もう1つのテクニックは、「**自己紹介シート**」を画面表示することです。

「自己紹介シート」の例

株式会社　らしさラボ　伊庭正康　（いば まさやす） **www.rasisalab.com**	
1969.1	京都生まれ
1991.4	リクルートグループ入社　求人情報事業 ・営業職として10年、管理職として11年在籍。 飛び込み営業、コンサル営業を経験し、 年間日本一を４回、累計40回の社内表彰を受賞。 その後、営業課長・部長・社内関連会社の代表を歴任。
2011.9	らしさラボ設立 ・対人対応力、営業力向上、リーダーシップ向上、 メンタル強化をテーマとした企業研修、コーチング、 コンサルテーションを提供。 ・年間セッション数：200回以上 ・リピート率：９割以上 ・書籍：30冊以上

オンラインには、画面共有という機能があります。せっかくですから、これを活用しましょう。

自己紹介シートは、プロフィールをA４サイズ１枚程度にまとめます。

オンラインにつないで、挨拶が終わり、プレゼンテーションに入る前のタイミングで「私の自己紹介を簡単にさせていただいてもよろしいでしょうか？」と言って、先方の了解を得たら、自己紹介シートを画面共有します。

自己紹介シートのポイントは、実績を具体的な数字に置き換えることです。

単に「営業経験5年」と経歴を書くだけでなく「2000案件を担当」「10万人から20万人のユーザーを新規顧客に結びつける」など、実績を具体的な数値に置き換えると信頼感が増します。

私の場合でいうと「年間日本一を4回、累計40回の社内表彰を受賞」「年間セッション数：200回以上」などと記しています。

「京都生まれ」など、わざわざ言う必要のないことも記しておけば「京都なんですか。実は私もなんですよ」と、ちょっとした話のネタになったりします。

画面共有は、リモートならではの機能です。積極的に活用してみてください。

Point

自己紹介は「なじみの法則」を使ってシートを交えながら話す

7 一方的に話さないコツ

●商談の導入シーンは「POINT」話法で話す

リモート営業では、営業担当者が一方的に話すのはNGです。お客様にお伺いしつつ、納得をしてもらいながら、話を進めていくことが重要です。

そこで活用いただきたいのが、**「POINT話法」**というテクニックです。

商談の導入シーンでは、「目的」(Purpose)→「概要」(Outline)→「お客様の意見」(Input)→「移行」(Transition)の順番で話すと、一方的な話し方になりません。

例えば、こんな感じです。

① Purpose：目的

営業「今日は弊社のサービスを紹介させていただければと思っております」

② Outline：概要

営業「最初に御社の状況を伺い、そのうえで、弊社のサービスをご紹介させていただき、その後、ぜひ意見交換もさせていただきたいと考えております」

③ Input：お客様の意見

営業「山田様、いかがでしょうか。山田様のご意向も伺いながら進められたらなと思っております。このような流れでよろしいでしょうか？」

先方「結構ですよ」

④ Transition：移行

営業「かしこまりました。ありがとうございます。では、さっそくお話をお伺いしてもよろしいでしょうか」

先方「いいですよ」

営業「その前に、少しだけ自己紹介をさせていただいてもよろしいでしょうか」

いかがでしょうか？ このような流れにすれば、一方的な話し方にはなりませんよね。それは③の**「お客様の意見」というステップを入れている**からです。

お客様の意見を伺うことを最初に伝えておけば、一方的な商談にはならないことを理解してもらえます。

また、意外と②の「概要」が抜けてしまっている人が少なくありません。

これから30分なり、60分なりの時間をどのように過ごすのか、最初にちゃんと伝えてから商談をスタートさせることも大事なポイントです。

●オンラインでは「返事」がないのが当たり前

商談に入ってからも「いかがでしょうか?」「こういったことはございませんか?」と、ところどころ軽い質問を投げかけることを意識していきます。

「伊庭さん、質問しても答えが返ってこないことが多いんですよ」――企業研修では、このような質問をよくいただきます。そうなんです。質問をしても、お客様から答えが返ってくるとは限りません。

オンラインでは、話を聞いている人はミュート(マイクオフ状態)にしていることが多いので、頷いてくれる人がいればいいほうで、ほぼ返事はなかったりします。ご安心ください。次のようなテクニックがあります。

「社長、今日はご自宅ですか？　そうなんですね。ありがとうございます」

「いかがでしょうか？　ありがとうございます。そうだったのですね」

「こういったことはございませんか？　よくあるんです。こういうことが」

このように、**あたかも返事をもらったかのように話してしまう**のです。相手が答えていないのに、答えてもらった前提で話を続けていきます。

実はこれ、お笑い芸人の方などがテレビでよく使っているテクニックなんです。

「ちびっこのみんな、元気――？　いいね、みんな元気だね！」

テレビに向かって話しかけて、あたかも返事があったかのように話を続けていく。

こういう場面、よくありますよね。通販番組でもよく見かけます。

これは、視聴者の「心の返事」への答えなのです。

こうしたテクニックを取り入れていけば、たとえ返事はなくても一方的な話し方にはなりません。ぜひやってみてください。

Point

「お客様の意見」を伺い、返事がなくても答えた前提で話を進める

8 オンラインで雑談をする方法

●リモート営業での雑談は、画面投影をする前に

営業では、ちょっとした雑談が大事だったりしますよね。オンラインでは、リアルな営業と比べると、込み入った雑談はしにくい傾向があります。

雑談をするなら、画面投影をする直前のタイミングがベストです。お客様との継続性をアピールしたい場合は、次のように雑談に入っていきます。

営業「山田様、画面投影をしてもよろしいでしょうか？」
先方「はい」
営業「そうそう、山田様、前回お話を伺った○○について調べてみました。面白いですね。これについて、もうちょっと聞いてもよろしいでしょうか？」
先方「いいですよ」

営業「ありがとうございます。勉強になります」

あるいは、こんな会話で心配りを示します。

営業「それでは画面投影させていただきます。その前に山田様、少しだけよろしいでしょうか。ご無沙汰しておりましたので。最近天気がいいので週末なんかどうされているのかなと思いまして。しょうもない話ですみません」
先方「コロナだから、どこにも行ってないですよ。家の中でＤＩＹくらいかな」
営業「ＤＩＹをされていらっしゃるんですか！」

本題に入ったら雑談はしにくいので、その直前にプチ会話をしておくのです。

●複数回の接触をしている場合は「共通の話題」か「関心を示す」

話題についても、いくつかポイントがあります。お客様と複数回の接触をしている場合は、「共通の話題に触れる」か「関心を示す」ことになります。

「共通の話題に触れる」テクニック

営業「DIY、実は私もちょっとやっております。聞いてもよろしいでしょうか。○○のクギがなかなか見つからないんですよね。どうされていますか?」

先方「○○っていうネットショップなら、すぐ見つかりますよ」

営業「そうなんですね。ありがとうございます。またいろいろ教えてください」

BtoBの場合は、従業員の方々の話題は会話にしやすく、共通の話題になりやすいのでオススメです。

営業「この間、営業部の鈴木さんとお会いしました。先日は北海道まで出張に行かれたそうですね」

先方「新しいキャンペーンの準備なんですよ」

営業「そうなんですか。ありがとうございます。教えていただきまして」

4月や10月など人事異動の季節なら、こんな話題の振り方もあります。

営業「また新しい期が始まりましたけれども、お仕事の内容はお変わりなくでいらっしゃいますか？」
先方「実は、別の部署と兼務になったんですよ」
営業「そうだったんですね。どのようなお仕事をされているのですか？」

同じ肩書き・職種であっても、兼務になったり、別の方に担当を引き継ぐなど、ミッションの中身が変わることはよくあります。そこを確認する意味も込めて、雑談という体で聞いておきます。

業界の話題も、ポジティブなニュースであれば、話しやすいでしょう。

営業「新車が、また出るそうですね」
先方「はい。今度の新車は、○○という機能がついているんですよ」
営業「そうなんですか。楽しみですね」

ネガティブなニュースに触れるのは、やめておきましょう。実はお客様がその当事者だったりすることもあります。下手に触れるとヤケドします。

●最強の一言「相変わらず、お忙しくされていらっしゃるんですか？」

「関心を示す」ケースは、すごく簡単です。ある1行を覚えておくだけで、いつでも、誰に対しても使えるフレーズがあります。

「関心を示す」フレーズ
営業「相変わらず、お忙しくされていらっしゃるんですか？」

これで決まりです。大体忙しいですから、このようにお答えになります。

先方「バタバタですよ」
営業「そうですか、素敵です」

ビジネスパーソンにとって忙しいのは、素敵なことです。ポジティブな話題になりますし、会話も弾みやすいです。

また、この一言には、2つのミソがつまっています。

「相変わらず」で、ご無沙汰感を縮めます。5年でも10年でも縮まります。「お忙しくされていらっしゃるんですか?」は、忙しくても、忙しくなくても会話が続きます。「忙しい」という回答だったら、しめたものです。その理由を伺えば、お客様の一番の関心事を知ることができます。

営業「最近は、どのようなことでお忙しいんでしょうか?」
先方「実は来月、新商品が出るんですよ」

いつでも誰に対しても使える万能の一言です。ぜひ覚えておいてください。

●初対面の場合は「ご自宅ですか? 事務所ですか?」

初めて接触するお客様とは、基本的には雑談をする必要はありません。ただし、オンラインならではの便利なフレーズがあります。

営業「山田様、今日は、ご自宅でいらっしゃいますか、それとも事務所でいらっし

ゃいますか?」

これです。自宅か事務所かは、ほぼ見ればわかります。それでも聞きます。

先方「自宅なんです」

営業「そうだったんですね。明るいお部屋でいいですね。1つお聞きしてもよろしいでしょうか。今は100%リモートワークでいらっしゃいますか?」

先方「そうですね」

営業「ありがとうございます。教えていただきまして」

これくらいでOKです。リモートワークの状況を確認しておけば、今後のアプローチの参考になります。事務所の場合も同じです。

先方「事務所です」

営業「そうだったんですね。リモート勤務も進んでいらっしゃるんですか?」

先方「週に2回は出勤なんですよ」

営業「週2回なんですね。いいですね。週に2回、皆さんで集まれるっていうのは貴重ですもんね。すいません、余計なことを聞きまして」

いかがでしょう？　どちらにしても自然に雑談ができていますよね。

初対面の場合のポイントは、ほめることです。部屋の広さ、明るさ、窓の大きさ、観葉植物など、ほめどころを探してほめます。

雑談の目的は、緊張をほぐすこと。ほめられたら、相手も悪い気はしません。

●初対面で容姿に触れるのはNG

雑談でNGなのは、容姿に触れることです。**「素敵なヘアスタイルですね」とか「素敵なネクタイですね」といったセリフは言ってはダメです**。

なぜなら、容姿に触れられたくない人もいるからです。実際にこんなケースがありました。ある営業担当者が、先方の部長にこう言いました。

「素敵なスーツですね」

すると、言われた相手は「何がわかるんだ」と憤慨されていたそうです。実は、相当こだわりのあるオーダーメイドのスーツだったらしいんですね。

ファッションやヘアスタイルには、他人には理解できない思い入れがあったりします。気軽にほめると、逆効果になる場合があります。

また、容姿をほめると、こびへつらっている感が出てしまいます。それはプラスの印象にはなりません。

ましてや男性が女性をほめると、トラブルになることがあります。「あの人、ちょっと嫌です」となってしまったりするので要注意です。

雑談の目的は、お客様の警戒心を解くことです。不用意な発言は、かえって警戒心を持たれてしまい、マイナスに作用します。

慣れてきたら「かっこいいスーツですね」でも全然ＯＫですが、初対面では絶対に容姿には触れない。これが最善策です。

オンラインでも雑談をする方法はあります。画面投影をする前にちょっとした会話をして、お客様の警戒心をほぐしましょう。

Point

リモート営業ならではの雑談テクニックを覚えておく

第7章

テレアポ＆リモート営業を楽しく行うコツ

1
テレアポやリモート営業で　ＡＢテストをしてみよう

●アポイント率を上げやすいのは、どちらのトークか？

インターネットでよく行われている「**ＡＢテスト**」という実験があります。バナー広告を貼る位置を変えて、ＡとＢ、どちらのほうが効果が高いかを測定したりするものです。これをテレアポやリモート営業にも応用してみましょう。

例えば**「忙しいから結構です」と断られたときに、ＡとＢ、２つのトークを試して、どちらのアポ率が高いのかを実験してみる**のです。

Ａ「大変失礼をいたしました。実はそういったお客様にこそ、ご案内したいと考えております。弊社では、○○というサービスを行っておりまして」

Ｂ「大変失礼をいたしました。お時間はお取りいたしません。弊社では、○○というサービスを行っておりまして」

「実はそういったお客様にこそ、ご案内したいと考えております」と「お時間はお取りいたしません」、どちらがアポ率が上がるのか比較してみます。

Aのほうが「5%上がる」という結果が出たら、そのセリフでトークを組み立てれば、アポ率が上がります。こうしたABテストを繰り返していくのです。

●リストから別々の業界を攻めてみる

ABテストは、さまざまな応用ができます。例えば、**リストからAとB、2つの業界にテレアポをしてみます**。Aはフード業界、Bは運送業界。2つの業界に同じ本数の電話をかけて、アポ率の違いを見てみます。

その結果、運送業界のほうがアポ率が高かったら、運送業界への電話を増やします。さらに、別の業界と比較していきます。

ABテストで小さな実験を繰り返していくと、思わぬ大ヒットに巡り合えたりするものです。私も人当たりの業界を発見することができました。

トークの仕方にも、リストにも「お宝」が眠っています。宝探しのようにテレアポを楽しみながら、アポ率や成約率を上げていきましょう。

●オンラインが有効な業界も、ＡＢテストでわかる

リモート営業にしても、どの業界に対しても有効かどうかはまだわかりません。業界別にスコアを取ってアポ率の違いを見ていけば、あなたのお客様でオンラインが有効な業界と、そうでない業界が見えてくるはずです。

オンラインが有効な業界についても、最初に雑談をしたほうが商談率が上がるのか、すぐに画面投影をしたほうが契約率が上がるのか、最後にアンケートを入れたほうがいいのかなど、さまざまな実験をしてデータを取ってみてください。

営業で重要なのは、言われたとおりにやることではなくて、データに基づいて、答えを探していくことです。

「今の時代はリモート営業も覚えたほうがいいですよ」「やってみます」

そこまではいいのですが、どんな業界に対してもオンラインにしていいのか、オンラインが不要な業界もあるんじゃないか……じゃあ実験してみよう。こういう発想を続けることが、トップセールスとして成功する道になります。

●ＡＢテストのゴールは、勝ち筋をつくること

また、一人ひとりがデータに基づいて考えることも大事ですが、チームとしていろいろな実験に取り組んでいけば、より早く、多くのデータが集まります。

上司「オンラインの実験結果、どうだった？」

部下1「飲食も介護施設もダメでした」

上司「そうか。忙しくてパソコンを見ている時間もないもんなぁ」

部下2「でも金融や保険業界は、反応は良かったです」

上司「それなら金融や保険業界に対しては、リモート営業を増やしていこう」

このように考えていけば、チームとしての勝ち筋がつくりやすくなります。

ABテストのゴールは、勝ち筋づくりです。

多くの会社は、1つのやり方でやっています。しかも決められたことを単にやり続けています。もっと効率良くやる方法は、たくさんあるはずです。

ABテストで、最適解を探してみませんか？

Point

ABテストを繰り返していけば、たくさんの勝ち筋が見つかる

2

録音すれば テレアポが「話し方教室」に変わる

●ほとんどのテレアポは、改善ポイントだらけ

テレアポはゲームだけでなく、「話し方教室」にもできます。

テレアポをしている人は、必ず自分の電話を録音してください。これは「絶対にやらなくてはいけない」というレベルの話です。

ほとんどの人のテレアポは、実は改善点だらけです。

滑舌を良くする方法、話し方のスピード、声の抑揚のつけ方など、これまでいろいろなポイントを紹介してきました。

しかし、これらがすべてできている人は、ほとんどいません。それも本人が思っている以上にできていません。これは録音してみないとわからないのです。

「テレアポをするときに、自分の声を録音して、あとで聞いてみてください」

企業研修でそういう話をして、後で「どうでしたか？」と聞くと、ほぼ10割の人が

同じように答えます。

「僕、こんなに早口だったんですね。びっくりしました」

「『え〜と』『あの〜』ばっかり言っていてショックでした」

「何を言っているのか、わからなかったです」

自分の声を聞くことすら、恥ずかしいと思う方もいらっしゃるくらいです。

「こんなふうに聞こえているんですね、私の声」

「これがあなたのリアルな声なんですよ。僕にもそう聞こえています」

自分がどんな声をしていて、どんな話し方をしているのかは、テレアポを録音して、自分でチェックしてみなければわかりません。

録音の仕方は、スマホのボイスレコーダーでも、ICレコーダーでも、普通のビデオでも構いません。

自分のトークを聞いて、本書で紹介してきた注意点と照らし合わせてみてください。

録音すれば、テレアポが「話し方教室」に変わります。

Point
録音した自分の声を聞いて、トークの改善点を探そう

3

休憩時間に雑談すると受注率が大幅アップする理由

●トークスキルより「楽しい雑談」が受注率に影響している

休憩時間に雑談をすると、受注率が13％も向上する。

そんな驚きの実験結果を、株式会社日立製作所と株式会社もしもしホットラインが、コールセンターにおける働き方をビッグデータを活用して分析し、発表しました（「行動計測システム『ビジネス顕微鏡』を用いてコールセンターの営業業績に影響する主要因を解明」２０１２年7月17日）。

この実験は「どんな電話をしたら、どれだけの売上が上がるのか？」を検証するために始められたもので、コールセンターの従業員の身体の動きと受注率の関係をセンサーを用いて分析した結果、想定外の答えが出たそうです。

それは「**休憩中の従業員の身体運動の活発度が受注率に強く相関している**」というものです。休憩中の活発度が高いとは、要は「楽しい雑談」などをすることです。

受注率に対するその影響度は35％に上り、なんと営業スキルなどの個人プレイの影響力の21％を大きく上回る結果となりました。

ただ、これだけだと、実は順番が逆で「受注率が良いとハッピーになって休憩中も活気が出る」ということも考えられます。

そこで、それまでバラバラに取っていた休憩を4人1組、しかも楽しく雑談しやすい同世代のチームで同時に取ってもらうようにしたところ、休憩中の活気が10％以上向上し、受注率は13％も向上したそうです。

●自然発生的にできるグループがあると生産性が高まる

何をしたら生産性が上がるのか？　これについては、古くからさまざまな実験が行われています。

アメリカで1924年から1932年の8年間にわたって「**ホーソン実験**」と呼ばれる、世界で初めて生産向上の理由を探る実験が行われました。ウェスタン・エレクトリック社のホーソン工場で実施されたため、このように呼ばれます。

この実験で明らかになったのは、「**インフォーマル組織が機能している公的組織は生産性が高い**」という結果でした。

インフォーマル組織とは、社内の部署部門といった公的な組織ではなく、自由な会話ができる、自然発生的なグループのことをいいます。

この実験では、労働条件の改善によって作業効率が向上するという関係は見られませんでしたが、それよりも実験を通じて仲間意識が強くなったことや、仕事への想いや誇りがモチベーションに強く影響したそうです。

つまり**「楽しくおしゃべりができて、仲良くできる人たちがいるほど生産性が高くなる」**という、冒頭で紹介したコールセンターの実験と同じ結果なのです。

さらに最近、この結果を新たに裏づけた企業があります。

アメリカのGoogleです。「効果的なチームの条件は何か」という実験を行った結果、最も重要なのは「**心理的安全性**」であることがわかりました。

心理的安全性とは、職場で誰に何を言っても、どのような指摘をしても、拒絶されることがなく、罰せられる心配もない状態、ということです。

こういう状態は、どうしたらできるのでしょうか?

上司に「安全ですよ」と言われたからといって、いきなり自由に発言できるようになるわけではありませんよね。普段の何気ないコミュニケーションの積み重ねが重要です。それは何かといったら、やっぱり「楽しい雑談」です。

●生産性アップの理由は、ノウハウの交流が始まるから

なぜ休憩中に楽しい雑談をしたり、組織の枠を超えた仲良しグループがあると生産性が高まるのでしょうか？

それは、ノウハウの交流が始まるからです。

私が新人の頃は苦労をしていた話は、この本でもすでに何度か紹介しましたが、全然売れなくて悩んでいるときに、上司からこう言われたことがありました。

「隣の事業部の○○さんに会ってこい。俺が言っておいてやるから」

上司が○○さんに一言、「うちの部下が悩んでるので、話を聞いてやってくれんか？」と言ってくれたおかげで、売れない自分を隠すことなく、正直に相談することができました。そして別の部署の人と交流することによって、それまで知らなかった新しいノウハウを知ることができました。これは「インフォーマル組織」が機能していて「心理的安全性」があったからだと思います

●幸福度が高いと、生産性は30％、創造性は300％も向上する

テレアポの会社では、成績の悪い人は立場が悪くなりがちです。すると「心理的安

全性」がなくなって、誰にも相談できなくなり、ますます成績が悪くなるという、負のスパイラルに陥ってしまいます。

そういう状況を変えるためには、やはり職場の環境づくりが重要です。

ポジティブ心理学の有名な学説では、幸福度が高い人は、生産性が30％、創造性は300％も上がると言われています。

営業でいう生産性とは、受注率です。創造性とは「あれもやってみよう、これもやってみよう」という創意工夫のことです。**テレアポやリモート営業もポジティブな心理状態でやったほうが、当然ですが、結果が出やすいのです。**

あなたの会社では、休憩時間に楽しい雑談ができていますか？

職場で誰に何を言っても、どのような指摘をしても、拒絶されることがなく、罰せられる心配もない状態になっていますか？

●オンラインでの交流もやったほうがいい

コロナ禍以来、在宅勤務が増えているので、最近は職場のコミュニケーションが難しくなっています。

だからこそ、オンライン雑談会を開いて、最近の状況を伝えあったり、ミーティングの途中で雑談の時間を設けている企業もあります。雑談をしないことによって生産性が下がるわけですから、手段を問わず、積極的にやるべきです。オンライン飲み会でもいいのです。オンラインであっても雑談は大事です。

また、最近は「オンラインに向いている人と、向いていない人がいる」と言われ始めています。

1人でコツコツやることに何の苦痛も感じない人は、リモートワークになっても、何の問題もなくやっています。むしろやりやすいという人も少なくありません。でも1人では頑張れない人もいます。そういう人は、相談相手もいないし、ほめてくれる人もいないし、わかってくれる人もいない環境では、孤独を感じてしまいます。オンラインであっても、コミュニケーションを活性化させることは重要です。楽しい雑談ができる機会を増やすことが生産性を上げるポイントです。

Point

職場のコミュニケーションが活性化すれば、生産性もアップする

4 オンラインでの営業を「情報交換会」に変えてしまう

●オンラインでは、ファシリテーションのやり方を変える

リモート営業は、情報提供をしながら話を進めていく流れになるので、営業をしているのか、情報を伝えているのか、よくわからないようになります。

でもこれは、いいことなんです。なぜなら**「売り込んでいる感」がまったくなくなる**からです。

オンライン営業では、1対1でなく、1対3など、先方の複数の方々に情報提供をするような場面もあります。

営業「どう思われますか、高橋部長？」
先方「いいと思います」
営業「ありがとうございます。山田課長、ご不明な点はありませんか？」

このようにファシリテーションをしていくと、ほとんどミーティングになります。

ただ、企業研修では、このような感想をよく聞くようになりました。

「オンラインで1対3になると大変です。苦痛でしかないんですよ」

それは、リアルの営業と同じようにしているからなんですね。

営業「みなさん、ご質問はありませんか?」

先方1「特にありません」

先方2「特にありません」

先方3「特にありません」

これはダメなファシリテーションの例です。「特にありません」で終わってしまったら、何の情報も得られません。質問のバリエーションを増やしましょう。

営業「高橋部長、ご質問はありますか?」

先方「特にありません」

営業「ありがとうございます。安心いたしました。あえてお伺いしてもよろしいですか。感想だけでも伺ってよろしいでしょうか?」

先方「いいサービスだと思いますよ」

営業「ありがとうございます。もし今後導入するとなったら、困ることがあってはいけないと思いますので、何か今、聞いておきたいと思うことはあったりしますか?」

もし何かあればということに備えて聞いておいたほうが良いことはありますか？」

聞き方のバリエーションを増やしていくと、オンラインでも、先方の感想を聞くことができるようになります。

質問テクニックが上達すれば、普段の営業とは違う、まるで情報交換会のようなミーティングっぽい営業ができるようになります。相手が複数でも、それぞれに話を振って、お客様の本音をどんどん引き出せます。

●「特にありません」「大丈夫です」を突破する質問のテクニック

質問に対して「特にありません」「大丈夫です」の定番回答で終わらないようにするための、2つのシンプルな質問のテクニックを紹介します。

営業「高橋部長、どうでしょう、何かご質問はございますでしょうか？」

先方「特にありません」

営業「ありがとうございます。安心いたしました。高橋部長、もし差し支えなければ、ご感想だけでもお伺いすることは可能でしょうか？」

先方「大丈夫です。いいと思います」

営業「ありがとうございます。高橋部長、あえて聞いておいたほうがいいと思うことはありますか？」

これです。感想を言ってもらってからの「あえて聞いておいたほうがいいと思うことはありますか？」。もう1つ、こんなバリエーションもあります。

営業「高橋部長、聞いておいたほうが良さそうなことはありますか？」

先方「ああ、そういえば、○○の件だけど……」

「あえて聞いておいたほうがいいと思うことはありますか？」と**「聞いておいたほうが良さそうなことはありますか？」**——この2つのフレーズを覚えておけば、一気に場の流れを変えられます。できる感も醸し出せますし、「あいつ、やるな」となります。

よく「聞いてみたいことはありますか？」と質問している人がいますが、これはNGです。「どこからものを言ってんの？」と思われてしまいます。

営業は、下からです。ファシリテーションと質問のテクニックを磨いて、オンラインでの営業を「情報交換会」に変えてしまいましょう。

Point

「ファシリテーション」と「質問のテクニック」を磨こう

5 自分だけの「最高のコックピット」をつくってみよう

●テレアポの時間をスケジュールに組み込む

テレアポを効率良くやるためには、1日のスケジュールの中に、きちんとその時間を計画的に組み込んでおくことが重要です。

営業をしながらテレアポをやっている人は、テレアポの本数が少なくなりがちです。「忙しくてテレアポをやる時間がありません」という話をよく聞きます。

でも、これは逆なんです。

テレアポをする時間は、アポイントと同じようにスケジュールに組み込んでください。1時間あたり何件の電話をするかも、あらかじめ決めておきましょう。

電話の本数は、商品をしっかりと紹介するテレアポの場合、1時間あたり25件から30件が一般的です（ニーズの探りだけを行う場合は、1時間に40件くらいの電話をすることもありますが）。

ただし、丁寧に話すべきテレアポなのに、サクサクと切ってはかける、悪く言うと「荒っぽいテレアポ」なら、35件から40件くらいは行ったりします。

営業「お世話になっております。△△の○○と申します。□□様お見えでございましょうか？　私、こういう商品を扱っておりまして」

先方「結構です。忙しいから」

営業「また何かありましたら、よろしくお願いします」ガチャ。

こういう荒っぽいテレアポなら１時間で40件くらい行えますが、しっかり粘るテレアポは、１件あたりの電話にもう少し時間がかかります。

営業「そうだったのですね。そういうお客様にぜひお伝えしたいと思っておりました。もちろん存じ上げております。実は今日、お話ししたいのはこういったことでございまして、ぜひ、お時間いただけませんか。お話だけでも」

粘るテレアポは、１時間あたり25件から30件になります。

１時間あたり10件から15件の人は、電話を１本かけ終えてから「次はどこにかけようかな？」と探しながらかける状態になっているはずです。

テレアポは、リストを手元に置いてパッパッパッとかけていくイメージです。「次はどこにかけようかな？」は、絶対にＮＧです。

●自分が一番やりやすいポジションをつくる

テンポ良く集中して電話をして、適正な回数をこなしていくためには、実はテレアポをするための環境づくりが重要になります。

テレアポをするときは、席に座ったら、必要な物はすべて手を伸ばせば届く範囲に置いておいてください。

なぜなら、途中で立ったりすると集中力がそがれるからです。テレアポをするためには、テレアポに集中できる環境をつくることが大切なのです。

自分の席は、テレアポをする「コックピット」のようなものです。

電話がある。飲み物がある。PCもある。スクリプトもある。ノートもペンもある。鏡を置く。リストも準備する。今からレースを始めるような感じで、自分にとって一番テレアポをしやすいベストポジションをつくります。

「もう動くな。今からレースが始まるんだ」

これができないと、「喉が渇いた」と席を離れたり、「あれどこ行ったっけ?」と必要なものを探したりして、テレアポが中断してしまいます、

無駄な動きが増え、集中力がそがれると、目標件数を達成できなくなります。1時

間あたり10件から15件の人は、間違いなくこういう状態になっています。それが電話数が少ない原因です。

テレアポの中断をなくすために大事なのは、自分にとって「最高のコックピット」をつくっておくことです。

ちょっとした遊び心があってもいいでしょう。お気に入りのマグカップにする、好きなグッズを置く、好みのデザインの鏡にする。照明を置いてみる。

自分が働きやすく、ご機嫌な状態で仕事に取り組むためには、意外とこうしたちょっとした環境づくりが重要だったりします。

テレアポは、時間が空いたときにするのではなく、時間を決めて計画的にスケジュールに組み込む。時間になったら必要なものは全部用意して、最高のコックピットに乗り込む。テレアポを始めたら、席を立ったり中断をしたりせず、用意をしたリストを見ながら集中し、しっかり粘りながらテンポ良く電話をかけていく。

これができれば、おのずと目標を達成できるはずです。

Point

「最高のコックピット」で、テレアポに集中しよう

6 営業はどこからでも仕事ができる

●電話とＰＣさえあれば、営業はできる

営業の醍醐味は、自由さです。

自由ではないように思われるかもしれませんが、実は営業ほど自由な職種はありません。自分で計画を立て、自分で商談をし、自分でアフターフォローし、その結果も自分で負います。

今はオンラインという武器も増え、場所からも自由になりました。

観光地やリゾート地で仕事をすることをワーケーションと言いますが、営業の仕事も、ワーケーションで全然できます。

最近のホテルには、大体Wi-Fi環境がありますし、有線も貸してもらえます。スマホとＰＣさえあれば、場所を問わず、テレアポやリモート営業ができます。

私もハワイ旅行に行ったときに、マウイ島から営業電話をしまくったことがありま

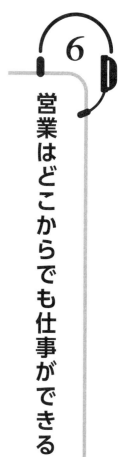

した。当時はコレクトコールでしたが、今なら無料でできちゃいます。

ほかの職種では、海外にいながらオンラインを使って普通に仕事をしたりしていますよね。営業だって全然可能です。

私も場所にこだわらず、京都でも、東京でも、どこでも仕事をしています。場所なんて今はまったく関係ないと実感しています。

会社で許してもらえるなら、観光地やリゾート地を楽しみながら、ワーケーションにトライしてみてもいいのではないでしょうか？

●仕事を面白くするスキルは存在する

営業は、ルーティンワークでつまらない。退屈。将来がない。そんな不安や不満を持っている人もいるでしょう。私もそうでした。

でも世の中の仕事は、実はすべて単純作業なんです。面白そうな仕事に見える芸人さん、俳優さん、スポーツ選手も同じです。

それなのに、なぜ彼らがイキイキして見えるかというと、自分の持ち味をどう生かすかを考えているからです。営業もテレアポもまったく同じです。

決められたことだけを、やろうとしていませんか？

たとえスクリプトはあっても、決められたことを決められた通りにやるのではなく、そのなかで自分なりの工夫を加えていくから仕事が面白くなるんです。

面白い仕事なんて存在しません。

ただし、仕事を面白くするスキルは存在します。

それを知った人だけが、仕事を面白いと言っているのです。

あなたの周りにも、テレアポを楽しんでいる人や、リモート営業を面白いと言っている人はいませんか？

それは、仕事を面白くするスキルを手に入れた人なのです。営業を楽しむ方法は、たくさんあります。ゲームのように面白くすることもできます。

正しいセオリーと、仕事を面白くするスキルを、ぜひ手に入れてください。

そして営業の自由を、存分に楽しんでください。

Point

面白い仕事なんてない。でも仕事を面白くするスキルは存在する

伊庭正康（いば　まさやす）

株式会社らしさラボ代表取締役。1991年リクルートグループ入社。リクルートフロムエー、リクルートにて法人営業職として従事。プレイヤー部門とマネージャー部門の両部門で年間全国トップ表彰４回を受賞。累計40回以上の社内表彰を受け、営業部長、（株）フロムエーキャリアの代表取締役を歴任。

2011年、研修会社（株）らしさラボを設立。リーディングカンパニーを中心に年間200回を超えるセッション（営業研修、営業リーダー研修、コーチング、講演）を行っている。実践的なプログラムが好評で、リピート率は９割を超え、その活動は『日本経済新聞』『日経ビジネス』『The21』など多数のメディアで紹介されている。Webラーニング「Udemy」でも営業スキル、リーダーシップなどの講座を提供し、ベストセラーコンテンツとなっている。

『仕事の速い人が絶対やらない段取りの仕方』『目標達成するリーダーが絶対やらないチームの動かし方』（以上、日本実業出版社）、『できるリーダーは、「これ」しかやらない』『できる営業は、「これ」しかやらない』（以上、PHP研究所）、『仕事が速い人の手帳・メモのキホン』（すばる舎）など、著書多数。

「らしさラボ無料メールセミナー」（全８回）、YouTube：「研修トレーナー伊庭正康のスキルアップチャンネル」、Voicy：「１日５分 スキルUPラジオ」も好評。

超効率的《ちょうこうりつてき》に結果《けっか》を出《だ》す
テレアポ＆リモート営業《えいぎょう》の基本《きほん》

2021年10月10日　初版発行

著　者　伊庭正康 ©M.Iba 2021
発行者　杉本淳一

発行所　株式会社日本実業出版社　東京都新宿区市谷本村町３−29 〒162-0845
編集部　☎03-3268-5651
営業部　☎03-3268-5161　振　替　00170-1-25349
https://www.njg.co.jp/

印刷／理想社　製本／共栄社

ISBN 978-4-534-05879-9 Printed in JAPAN

日本実業出版社の本

下記の価格は消費税(10%)を含む金額です。

目標達成するリーダーが絶対やらないチームの動かし方

伊庭正康
定価 1540円(税込)

リーダーとして、目標達成のためにチームをまとめるスキルは非常に大切です。会社と部下との板挟みになりがちなリーダーがどうチームを動かすべきかを、○×形式で具体的に紹介します。

仕事の速い人が絶対やらない段取りの仕方

伊庭正康
定価 1540円(税込)

努力や能力に関係なく、段取りを少し見直すだけで、仕事の効率、スピードは劇的にアップします！　あらゆる仕事で段取り上手になるポイントを、○×の具体的な事例をもとに紹介します。

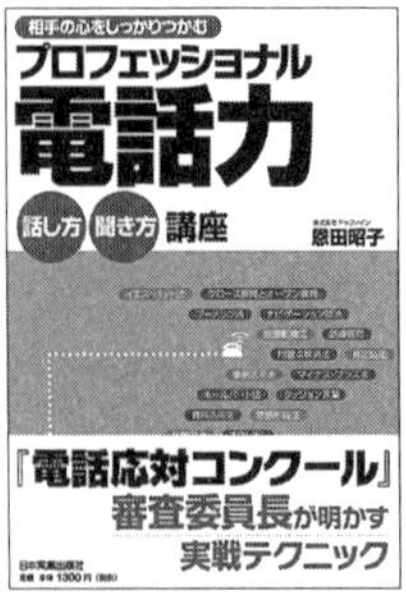

プロフェッショナル電話力 話し方・聞き方講座

恩田昭子
定価 1430円(税込)

電話の会話の中身は相手次第、成り行き次第で千差万別。変化に応じて業績アップにつなげるのが、プロの応対です。「こうすればもっと感じ良くなる」「相手の懐に入れる」ポイントを紹介します。

定価変更の場合はご了承ください。